Wolfgang Prosinger

Tanner geht

Sterbehilfe –
Ein Mann plant seinen Tod

S. Fischer

© S. Fischer Verlag GmbH, Frankfurt am Main 2008
Alle Rechte vorbehalten
Satz: Fotosatz Amann, Aichstetten
Druck und Bindung: GGP Media GmbH, Pößneck
Printed in Germany
ISBN 978-3-10-059030-5

Inhalt

»Wenn Du vor mir stehst und mich ansiehst, was weißt Du von den Schmerzen, die in mir sind, und was weiß ich von den Deinen. Und wenn ich mich vor Dir niederwerfen würde und weinen und erzählen, was wüsstest Du von mir mehr als von der Hölle, wenn Dir jemand erzählt, sie ist heiß und fürchterlich. Schon darum sollten wir Menschen voreinander so ehrfürchtig, so nachdenklich, so liebend stehn wie vor dem Eingang zur Hölle.«

Franz Kafka

Am Ende

Tanner setzt sich in einen Sessel
und bleibt bei seinem Entschluss

Tanner hat den blauen Pullover angezogen. Weil Blau seine
Farbe ist. Blau, sagt Tanner immer, ist die Farbe der Klar-
heit, der Kühle, der Nüchternheit. Außerdem sei er vom
Sternzeichen her Fisch. Nicht dass er viel von den Sternen
halte, aber bezeichnend sei das doch. Ein Fisch im blauen
Wasser. Ein Fisch im kühlen Wasser. Blau ist die Farbe des
Verstandes. Das weiß doch jeder.

Blau hat aber noch eine ganz andere Seite, Tanner. Die
blaue Blume der Romantik, das Samtblau der Seele. Blau ist
eine Seelenfarbe.

»Natürlich«, sagt Tanner, »tiefe Wasser sind blau.«

Ulrich Tanner hat den blauen Pullover angezogen, die
Jeans auch, er ist aus dem Auto gestiegen, ein großer,
schlanker Mann mit sehr kurzen rotbraunen Haaren, und
geht jetzt auf die Haustür zu. Er geht entschlossen, aber
keineswegs geraden Schrittes. Er humpelt, knickt ein, ist so
unsicher auf den Beinen, als habe ihn ein Schwindel ge-
packt. Aber es ist nur die Parkinson-Krankheit, seit 2001
hat er sie schon. Ein paar Jahre noch, dann habe er den
Rollstuhl gebraucht. Aber jetzt an diesem Februartag im
Jahr 2008 kann er den kurzen Weg noch gehen. Vom Auto
zur Haustür. Hinter ihm gehen zwei Freunde. Es ist ein
Vormittag, kurz nach elf.

Das Haus liegt in einem hässlichen Gewerbegebiet, ein

Industriebau, mit blauen Platten verkleidet, kein schönes Gebäude, keines, in das man gerne geht. Ob Tanner die Farbe der Platten bemerkt hat, sagt er nicht. Er hat jetzt etwas anderes zu tun.

Er verschwindet im Haus, fährt mit dem Aufzug in den zweiten Stock. Dort ist eine Wohnung mit zwei Räumen und einer Küche. Auch die beiden Freunde gehen hinein.

Ein Ehepaar mittleren Alters erwartet die drei und führt sie in ein großes, helles Zimmer mit Parkettboden und Teppichen. An den Wänden hängen Bilder, Landschaften zumeist. In der Ecke steht eine Kommode mit Schubladen, eine Antiquität aus dunkelbraunem Holz, in der Mitte des Raums ist ein großer Tisch mit Stühlen. Tanner und seine Freunde nehmen Platz.

Tanner wird von dem Ehepaar gefragt, ob sich an seinem Entschluss etwas geändert habe. Er sagt Nein, er sagt es ganz klar und entschieden. Dann muss er eine Erklärung unterschreiben. Darauf steht: »Nach reiflicher Überlegung mache ich, der ich hoffnungslos krank beziehungsweise unzumutbar behindert bin, heute von meinem Recht Gebrauch, selbst über die Beendigung meines Lebens zu bestimmen.«

Tanner hat nun noch Zeit, mit seinen Freunden zu reden. »Sie haben so viel Zeit, wie Sie wollen«, sagen die Eheleute, die ihn begleiten.

Tanner nimmt sich die Zeit.

Danach geht er in den anderen Raum, da stehen ein Pflegebett, ein Sessel, Stühle, ein Tisch. Die Freunde folgen ihm. Tanner setzt sich in den Sessel, das Bett will er nicht. Er wartet jetzt nur noch kurz. Dann nimmt er das Glas, das die Eheleute vor ihn gestellt haben. 15 Gramm Natrium-Pentobarbital, aufgelöst in 60 Milliliter Wasser. Tanner trinkt das Glas in einem schnellen Zug leer. Es dauert zwei Minuten, dann ist er eingeschlafen.

Um 13.20 Uhr ist Ulrich Tanner tot. Er wurde 51 Jahre alt.

Das grüne Licht

Tanner bekommt einen Brief
und Herzklopfen

Am 4. Dezember 2007 ist Post gekommen. Tanner war wie jeden Vormittag von seiner Wohnung im zweiten Stockwerk ins Erdgeschoss gegangen und hatte den Brief aus dem Kasten geholt. Er trug eine Schweizer Marke. Auf dem Absender stand »Dignitas. Menschenwürdig leben. Menschenwürdig sterben.« Tanner hatte Herzklopfen.

Als er wieder im zweiten Stockwerk angekommen war, setzte er sich auf das graue Wohnzimmersofa und las. »Sehr geehrter Herr Tanner, wir können Ihnen heute mitteilen, dass ein mit uns zusammen arbeitender Arzt grundsätzlich einverstanden ist, für Sie das Rezept zu schreiben. Erforderlich ist dazu noch, dass er Sie vorher sieht und spricht. Damit haben Sie nun das ›provisorische grüne Licht‹ für eine Freitod-Begleitung in der Schweiz.«

Ulrich Tanners Herz klopfte jetzt noch ein wenig lauter. Er sah hinüber auf die breite Fensterfront, durch die eine matte Dezembersonne schien, sah hinaus auf die kleinen Vorgärten der Einfamilienhäuser, ein unauffälliges Viertel am Stadtrand von Köln, er sah hinaus und spürte die Panik. Jetzt war es so weit, mehr als ein Jahr hatte er auf diesen Moment hingearbeitet, hatte Entschlüsse gefasst und Entschlüsse verworfen, hatte gebangt und gehofft, hatte Angst gehabt und Mut gehabt. Es war so weit, Tanners Hände zitterten noch mehr, als sie die Parkinsonsche Krankheit ohnehin zittern ließ, er stand auf vom Sofa, ging auf unsicheren Beinen durch das Wohnzimmer, nahm ein Glas und eine der grünen Wasserflaschen, die er immer auf der Anrichte in der Ecke stehen hatte, und setzte sich wieder. Er versuchte, das Glas zu füllen, es misslang ihm. So groß war das Zittern. Er schüttete das Wasser auf den roten Teppich und stellte das Glas verärgert neben sich. Die Panik, fand er, war gar keine Panik mehr. Das war so etwas wie ein Schockzustand.

So sei das gewesen an diesem 4. Dezember, als der Brief kam, sagt Ulrich Tanner. Auch jetzt, wenn er dem Besucher erzählt, wie das alles gekommen ist, sitzt er in seinem Wohnzimmer. Nicht auf dem Sofa, sondern am Esstisch. Der Besucher wird nun oft in die Wohnung im zweiten Stockwerk kommen, immer wieder, und Tanner wird erklären, wie das war in seinem Leben und warum dieser Brief von »Dignitas« gekommen ist. Tanner hatte sich auf eine Anfrage hin gemeldet: Ja, er sei bereit, Auskunft zu geben. Über seine Krankheit. Über seinen Entschluss. Über den ganz besonders. Die Leute sollten verstehen, wie einer zu so einer Entscheidung kommen könne. Er habe darüber selten etwas Vernünftiges gelesen, das müsse sich ändern. Er wolle dazu beitragen.

Deshalb wird er nun reden und reden, viele Stunden, sehr viele Stunden, immer wird er an seinem Esstisch sitzen und manchmal einen Schluck Mineralwasser trinken. Er redet flüssig, obwohl es ihn anstrengt, ab und zu bleibt er in seinen Sätzen stecken, macht eine lange Pause, blickt hinüber zu der Fensterfront, und dann hat es den Anschein, als wolle er nun nicht mehr weitermachen, nicht noch tiefer graben in seinen Erinnerungen, nicht immer weiter ans Tageslicht fördern, was das Leben längst vergessen hat. Weil das manchmal wehtut, und Schmerzen hat er schließlich genug. Aber dann zwingt er sich, gibt sich einen Ruck, und er sitzt noch aufrechter als sonst auf seinem Stuhl. Er will ja dieses Reden, er will Rechenschaft ablegen über 51 Jahre, dem Besucher – aber vielleicht noch mehr sich selbst. »Willkommen in meinem Wohnzimmer«, sagt Tanner

Das Wohnzimmer ist groß und hell. Tanner hat die Wohnung bei seinem Einzug vor eineinhalb Jahren nach eigenen Plänen umgebaut. Gerade Linien, klare Kanten, entschiedene Farben, er ist ein Freund der schlichten Form. Er kennt sich aus, schließlich ist er vom Fach, Architekturmodellbau hat er gelernt, eine Präzisionsarbeit, da kommt es auf Bruchteile von Millimetern an, Ulrich Tanner hat das immer geliebt, diese Genauigkeit, diese Sorgfalt. »Ich bin ein bisschen pingelig«, sagt er oft. Modelle von Wohnhäusern und Kirchen, von Bürobauten und Fabrikanlagen hat er konstruiert, aber nicht nur Modelle von Gebäuden, auch von Maschinen und von Autos. Modelle aus Plexiglas, aus Kunststoff, aber meistens aus Holz, Sperrholz und Massivholz, Ahorn, Kirsche, Nussbaum; Eiche weniger, weil Eiche zu grobfaserig ist. Fenstersprossen hat er gefräst, da ging es um Zehntelmillimeter, gute Augen braucht einer da und eine ruhige Hand. Und ausgerechnet so einer bekommt Parkinson, sagt Tanner.

Damals, an jenem 4. Dezember, wollte der Schockzustand gar kein Ende nehmen, der Brief lag neben Tanner auf dem Sofa. Die Schmerzen wurden jetzt stärker. Er stand erneut auf, die paar Schritte zum Badezimmer, die Tabletten nehmen, MST, ein Morphiumpräparat. Er nahm es seit einem guten Jahr. Meist auch ein Opiat dazu, Valoron, in Tropfenform. Die Schmerzen wurden jetzt sehr stark. Die

Medikamente lindern sie, ganz wegnehmen können sie sie nicht.

Die wohltuende, besänftigende Wirkung des Wohnzimmers blieb an diesem Tag offenbar aus. Ansonsten konnte sich Tanner darauf verlassen, diese Klarheit, das Großflächige, Nüchterne, Kubische schenkten ihm stets Ruhe und Sicherheit, manchmal sogar das ihm selten bekannte Gefühl der Geborgenheit. Wahrscheinlich war er da vorbelastet, ein Erbe des Großvaters, der war Architekt gewesen, hatte am Bauhaus in Weimar gearbeitet.

Tanner hat einen kantigen braunen Tisch in sein Wohnzimmer gestellt, drei schwarze Freischwinger, das graue Sofa, Flachbild-Fernseher, ein Sideboard, cremefarben, eine Glasschale darauf mit Früchten, zwei reife, rote Mangos, Plastikfrüchte, Dekorationsstücke, drei Glaszylinder auf dem Parkettboden, an die vierzig Zentimeter hoch, gefüllt mit grauen Kieselsteinen, aus den Steinen ragt jeweils eine weiße Lilie, Plastiklilie. Eine Designer-Wohnung, bedacht auf Wirkung, auf Effekt. Alles ist hier genau an seinem Platz, präzise ausgerichtet, die Vase hat so zu stehen und nicht anders, die grünen Wasserflaschen sind auf der Anrichte exakt aufgereiht. Undenkbar, dass hier etwas willkürlich herumläge, ohne Sinn und Absicht, eine Zeitung auf dem Sofa, ein Paar Schuhe in der Ecke, ein Notizblock auf dem Tisch, eine Jacke über der Stuhllehne, nichts davon, und kein Staubkorn auf dem Fußboden, Tanner ist eben pingelig. Vielleicht bin ich ein bisschen so wie meine Wohnung, sagt er, nüchtern, exakt, aufgeräumt, aber irgendetwas Verspieltes ist trotzdem dabei.

Vor ein paar Wochen hat er sich ein Bild gekauft, in Berlin ist das gewesen, es war wohl die letzte Reise nach Berlin, sagt Tanner, er ist früher gerne dorthin gefahren. Das Bild hat er ins Wohnzimmer gehängt, quadratisch, 150 Zentimeter mal 150 Zentimeter, orangefarbene Töne, grell, schneidendes Rot dazwischen, wilde, expressive Formen. Ein Körper ist zu erkennen, ein nackter Körper, verdreht, gewunden im Schmerz, Pfeile sind in die Haut eingedrungen. Es ist der Märtyrer Sebastian, den Bogenschützen hinrichteten, ein Heiligenbild. Ich bin nicht religiös, sagt Tanner. Ein schreiendes Bild. »Ich habe mich darin wiedererkannt. Ich musste es haben.« Seitdem hängt dieser Schmerzensmann an der Wohnzimmerwand, und auf dem Sofa davor sitzt auch einer.

Die Schmerzen sind überall. Vom Kopf bis zu den Zehen. Sie stecken in den Knochen und den Muskeln, sie stecken in der Haut und im Bauch. An den Füßen fühlt es sich an, als hätte Tanner offene Geschwüre, ein Druckschmerz, der hinaufzieht von der Ferse ins Bein, als würden Nadeln stechen. Das geht hoch über die Hüfte in den Brustkorb, es ist, sagt Tanner, als hättest du einen Riemen um den Leib, der dich zusammendrückt. Die Schmerzen kriechen in die Arme, Oberarm, Unterarm, manchmal bis in die Finger. Und dann beginnt die Haut zu jucken. Es ist ein wahnwitziges Jucken. Ich halt's nicht aus, sagt Tanner, ob ich gehe oder stehe oder liege, es ist zum Verrücktwerden.

Ulrich Tanner hat nicht nur Parkinson. Er hat viele Krankheiten. Darum ist der Brief von »Dignitas« gekommen. Tanner will nicht verrückt werden.

Er saß damals, als er den Brief gelesen hatte, lange auf dem Sofa und schaute in die Dezembersonne. Auf dem Sideboard steht eine kleine Uhr aus hellbraunem Holz, das einzige antike Stück in diesem Wohnzimmer. Er hat sie von den Großeltern geerbt. Jede halbe Stunde schlägt sie, ein heller, aber weicher Laut. Jede halbe Stunde erinnert sie daran, dass wieder eine halbe Stunde vom Leben vergangen ist. Sie hat zwei Mal geschlagen, seitdem Tanner den Brief von »Dignitas« geöffnet hat.

Tanner spürte jetzt, wie sich etwas veränderte in ihm. Wie sich die Schockstarre löste, ganz langsam, als würde eine Welle warmen Wassers über ihn gleiten und das Harte geschmeidig machen. Nach und nach verkroch sich die Panik, Tanner konnte nun die Mineralwasserflasche halten und das Glas einschenken, es gingen nur ein paar Tropfen daneben. Dann streckte er sich auf dem Sofa aus und schob ein Kissen unter seinen Kopf.

Aber er schlief nicht. Er war jetzt ganz und gar in einem Gefühl, das er noch nicht gekannt hatte. Noch nie. Es war ein Gefühl voller Verheißungen: dass endlich kein Schmerz mehr wäre; dass auf einmal alles, was die Tage zur Qual machte und die Nächte noch mehr, aufgelöst wäre in einem großen Schlaf. Tanner gab sich diesem Gefühl hin, und er erzählte später, dass dieses Gefühl ein Glück war. Das grüne Licht. Es leuchtete an diesem Tag für ihn.

Ulrich Tanner fand, dass er dieses Leuchten verdient hatte. Denn was ihm sein 51-jähriges Leben angetan hatte, wirklich, das war mehr, als ein einzelner Mensch ertragen konnte. Besonders das verdammte Jahr 2006.

Aber eigentlich hatte das alles schon viel früher begonnen. 1961, ein kleiner Junge war er da noch, in Zürich aufgewachsen und groß geworden, ein fünfjähriges Kind, das auf der Straße spielte. Er hat das Auto nicht gesehen. Seit diesem Unfall ist es nie mehr gut geworden mit seinem

Rücken, die Bandscheiben, Schmerzen, die ihn sein Leben lang begleiteten.

Aber das war ja nur der Anfang. Ernster wurde es im Jahr 1993, Tanner war inzwischen nach Deutschland, nach Köln, gekommen, da erwischte ihn zum ersten Mal der Krebs, Prostata, 37 Jahre war er alt. Aber er hat die Krankheit besiegt, Chemotherapie, ein jahrelanger Kampf, mal schien schon alles gut zu werden, mal kehrte der Krebs zurück, erneute Chemotherapie, es dauerte bis in die späten Neunziger, bis Tanner endgültig gewonnen hatte.

Er hatte nicht lange Ruhe, Anfang 2000 der erste Hörsturz, Ende 2000 der zweite. Ein Tinnitus ist ihm bis heute davon geblieben. Nicht der Rede wert, sagt Tanner, aber hartnäckig. Dann wuchs plötzlich etwas im oberen Bauch, ein Stück unter dem Brustbein. Erst war es nur ein kleiner, fester Punkt. Aber der Punkt wurde größer, begann sich zu wölben. Ulrich Tanner hatte zum zweiten Mal ein Krebsgeschwür, aber er hatte Glück, keine Metastasen, der Tumor wurde operiert. Und dann kam das Zittern. Kaum spürbar zunächst, nur so eine merkwürdige Fahrigkeit, Tanner schob es auf die Nerven. Kein Wunder, dachte er, bei all diesen Krankheiten.

Das Zittern wurde stärker, und im Jahr 2001 konnte er nicht mehr schreiben, nicht mehr mit Messer und Gabel essen. Auch das Gehen war jetzt schwer geworden. Die Kölner Neurologen diagnostizierten Parkinson und verschrieben Tabletten. Tanner vertrug sie nicht, Allergien, Albträume, er wechselte die Medikamente, und allmählich lernte er, mit der Krankheit zu leben. Zumal sich ihr Verlauf als gnädig erwies, ihn vor ungestümen Schüben verschonte. Es blieb bei Unsicherheiten in den Bewegungen, taumeligen Schritten, steifem Rücken, zitternden Händen – er gewöhnte sich an all das.

Die Jahre vergingen, Tanner lebte schlecht und recht mit seiner Parkinson-Erkrankung, mal war das Schütteln kaum auszuhalten, mal war es wenigstens erträglich. Aber weitere Malaisen blieben immerhin aus, sieht man von einem Tumor ab, der sich plötzlich im Oberarm gebildet hatte und entfernt werden musste. Er neige nun einmal zu solchen Krebsgeschwüren, sagt Tanner. Bei manchen Menschen sei das eben so.

Dann kam das Jahr 2006. Es begann mit einem privaten Drama. Ulrich Tanner trennte sich von dem Menschen, mit dem er 15 Jahren zusammengelebt hatte. Wenn er davon erzählt, kann es geschehen, dass ihm die Tränen kommen, immer noch. Tanner ist homosexuell. Wegen der Liebe hat er damals, 1991 war das, die Schweiz verlassen, ist nach Köln gezogen, um ein neues Leben zu beginnen mit seinem Freund Gerald. Doch die Jahre zehrten das neue Leben auf, immer öfter schien es wie ein sehr altes Leben, die Aufregung des Anfangs wechselte zur Gleichförmigkeit des Gewohnten, die Zeiten des ersten Glücks zu den Zeiten des späteren Unglücks. Aus dem Miteinander war ein Nebeneinander geworden, es vergingen die Jahre, von Trennung war die Rede und von Neuanfängen und wieder von Trennung. Tanners Unzufriedenheit wuchs, und als das Jahr 2006 begann, fand er, es sei nun wieder an der Zeit, ein neues Leben zu beginnen. Also eröffnete er seinem Freund, dass die Freundschaft ein Ende habe, es war am 1. Februar. Ulrich Tanner setzte sich in sein Wohnmobil, verschwand von der Bildfläche, fast fluchtartig, fuhr nach Italien, suchte Abenteuer, auch sexuelle, alles sollte jetzt neu und anders werden, noch einmal durchstarten, 50 Jahre war er gerade geworden. Er fand, dass das kein Alter sei.

Nach Wochen kehrte er wieder, nahm eine neue Wohnung, eben jene, in der er später auf dem grauen Sofa den Brief von »Dignitas« lesen sollte. Er stürzte sich mit dem Feuereifer des Neuanfangs in die Umbauarbeiten der Wohnung, scheute keine Kosten, alles sollte vom Feinsten sein, das Beste war gerade gut genug. Tanner, den Schmerz der Trennung noch im Rücken, war sich sicher, dass die Zukunft, die vor ihm lag, eine glückliche sein würde. Und dann war da dieses Ziehen im Bauch.

Tanner achtete nicht darauf, so leicht sollte der Beginn einer glücklichen Zukunft nicht zu stören sein, und der Umbau der Wohnung musste schließlich vorangehen. Es wurde Mai und wurde Juni, und eines Morgens blieb er einfach im Bett liegen. So etwas wie Grippe, dachte er, eine Sommergrippe eben. Er blieb auch am nächsten Morgen liegen und am übernächsten. Die Grippe ließ sich nicht vertreiben, auch das Ziehen im Bauch war allmählich nicht mehr zu ignorieren. Sollte der Prostatakrebs zurückgekommen sein? Tanner war ratlos, der Hausarzt auch, die Schmerzen nahmen zu. Tanner ging ins Krankenhaus. Kein Befund, Tanner ging nach Hause. Zwei Tage später war er wieder da. Neues Rätselraten, die Blutwerte waren nicht schlecht. Vielleicht sollte man eine gründlichere Untersuchung vornehmen. Ob man mal einen Aids-Text machen könne?

Ulrich Tanner war HIV-positiv. Hat sich die Infektion auf seiner Flucht nach Italien geholt. Tanner war wie erstarrt.

Immerhin, die seltsame Sommergrippe war nun erklärt.

Aber die Schmerzen im Bauch nicht. Tanner schrie, ohne Morphium ging längst nichts mehr. Das konnte die Aids-Erkrankung allein nicht sein. Tut etwas, bettelte er.

Dann ging es Schlag auf Schlag. Ein Tumor im Bauchraum wurde entdeckt, ein kleiner Tumor, Tanner wurde operiert, ein zweites Mal operiert, die Schmerzen waren weg.

24 Stunden später fingen die Schmerzen wieder an, grässlicher noch als zuvor, die Tage in der Klinik vergingen unter Qualen, Blutungen setzten ein, gewaltige Blutungen, in der fünften Krankenhausnacht verlor Tanner mehr als drei Liter Blut in eineinhalb Stunden. Intensivstation, Blutkonserven, oben floss das Blut in den Körper hinein, unten floss es wieder heraus. Wie bei einem Wasserhahn, sagt Tanner, es war knapp, mehr tot als lebendig sei er gewesen. Verrückt vor Schmerzen, benebelt von Medikamenten. Wieder habe er gebettelt, schneidet mir den Bauch auf, egal, was passiert, oder gebt mir etwas, damit ich sterben kann. Tanner flehte. Nein, sagten die Ärzte, das machen wir nicht. Tanner flehte, verzweifelte, bettelte und war im Delirium der Medikamente und des Schmerzes.

Nach sechs Tagen wurde er ein drittes Mal operiert. Der Eingriff dauerte mehr als sieben Stunden, der Kreislauf brach zusammen, die Lunge wollte nicht mehr, Tanner wurde ins künstliche Koma versetzt. Die Ärzte benachrichtigten seine Freunde.

Ulrich Tanner überlebte. Als er aus dem Koma erwachte, hatte er einen Schnitt im Bauch, der vom Schambein bis weit oberhalb des Nabels reichte, einen künstlichen Darmausgang, und er hatte keine Schmerzen mehr. Die Chirurgen hatten einen Tumor von der Größe eines Tennisballs entfernt, der sich schon an der Blase, der Prostata, der Wirbelsäule und am Darm festgesetzt hatte. Warum, fragte sich Tanner, hat man die Geschwulst nicht früher entdeckt, sie war doch nicht zu übersehen? Warum musste ich die Qualen erleiden? Er versteht es bis heute nicht. Mit ein bisschen Glück könne man den Darmausgang nach einigen Monaten zurückverlegen, sagten die Ärzte. Es sei eine fünfzigprozentige Chance. Tanner, mit seinen 1,83 Metern Größe, wog noch 56 Kilo. Haut und Knochen. Er sah wie der Tod aus, sagten seine Freunde, nachdem sie ihn am Krankenbett besucht hatten.

Die Krankengeschichte des Ulrich Tanner ist eine unendliche Geschichte. Denn sie hatte an dieser Stelle zwar ihren Höhepunkt, aber noch keineswegs ihren Schlusspunkt erreicht. Zunächst schien alles einen günstigen Verlauf zu nehmen. Die Wunden heilten, der Körper erholte sich, und zu Ostern 2007, Tanner konnte es kaum glauben, wurde er sogar den künstlichen Darmausgang wieder los. Nicht dass der Verdauungstrakt damit wieder in völliger Ordnung gewesen wäre, aber das Leben schien plötzlich wieder so etwas Ähnliches wie ein Leben zu sein. Es war der Moment, in dem sich in Tanner eine unerwartete Hoffnung breitmachte, ein kleiner, allerkleinster Optimismus. Aber was ihn da befeuerte, war ein Feuer aus Stroh, und es erlosch, kaum dass es entzündet war. Bald spielte die Parkinson-Krankheit verrückt, nach wie vor reagierte Tanners Körper auf Medikamente mit Allergien und Abwehr. Wesentlich stärker war das noch bei den HIV-Kombinationsmedikamenten der Fall. Gegen eine der drei Gruppen, die in der Regel verabreicht werden, zeigte sich Tanner resistent. Die Präparate der zweiten erwiesen sich als unverträglich. Was er auch versuchte, meist schon nach drei Tagen traten allergische Reaktionen auf: Beulen, Ausschläge, Juckreiz, Übelkeit, Durchfall. So kam es, dass Tanner der HIV-Infektion wehrlos ausgeliefert war.

Parkinson, Aids, Krebs. In seinem Wohnzimmer hat Tanner neben dem großen, grellen Sebastian noch eine Reihe kleinerer Bilder gehängt, abstrakte Gemälde, sie gehören zu einem Zyklus, den sein französischer Maler mit »Hiob« betitelt hat. Mit dem Namen des biblischen Dulders, der von einem Schicksalsschlag zum nächsten taumelt, der Kinder und Besitz verliert und von Krankheit geschlagen wird. Er habe die Bilder nur gekauft, weil sie ihm so gut gefallen hätten, sagt Tanner, eine Stimmung ausdrückten, die der seinen entsprach. Die Geschichte des Hiob aus dem Alten Testament kenne er eigentlich gar nicht. Hiob Tanner.

Ob er bei dieser Anhäufung von Krankheiten denn niemals Wut bekommen habe? Auf seinen Körper? Auf das Schicksal? Auf irgendeine höhere Macht?

»Nein«, sagt Tanner, »niemals. Bei so etwas bekomme ich keine Wut.«

Bei was denn dann?

»Bei Ungerechtigkeiten. Wenn Leute benachteiligt werden. Das vertrage ich nicht. Da werde ich zornig.«

Aber was Ihnen widerfahren ist, Parkinson, Aids, Krebs, all diese Lebenskatastrophen, das ist doch die allergrößte Ungerechtigkeit, Tanner.

»Was nützt mein Zorn? Und wem sollte er nützen? Der Zorn ändert nichts. Pech ist Pech. Man muss die Tatsachen akzeptieren. Und wenn man sie akzeptiert, dann leidet man nicht so darunter. Man macht es sich leichter damit. Es hilft nichts, sich zu empören. Es hilft nichts zu verzweifeln. Es hilft nichts zu hadern, mir hilft nur eins: dass es bald vorbei ist.«

Und dann ist noch die Sache mit dem Vergessen dazugekommen. Auf einmal stand Tanner im Keller seines Wohnhauses, er stand da und wusste nicht, was er dort wollte. Und wusste nicht, wie er dorthin gekommen war. Der Weg von der Wohnung in den Keller – einfach ausgelöscht in seinem Gedächtnis. Vorfälle dieser Art wiederholten sich. Oder beim Autofahren: Er will in die Kölner Innenstadt fahren, und plötzlich ist er in eine ganz andere Richtung unterwegs, fährt nach Leverkusen oder findet sich auf der Strecke nach Düsseldorf wieder. Er weiß nicht, warum, versteht es nicht. Tanner sagt mit einer verlegenen Stimme, als müsste er sich entschuldigen: »Das macht einem schon Angst.«

Es ist irgendetwas mit der Gehirnflüssigkeit, Tanner hat es im Arztbericht gelesen, aber so richtig verstanden hat er es nicht. Es hängt offenbar mit der HIV-Infektion zusammen. Wie auch die Geschichte mit den Augen, die jetzt immer schlechter wurden. Tanner trägt eine randlose Brille über seinen braunen Augen, die Gläser sind dick. Es kann natürlich auch sein, dass die Sehschwäche etwas mit Parkinson zu tun hat. Wahrscheinlich ist es ein unseliges Zusammenspiel der Krankheiten. Die Ärzte, sagt er, sind da selber unschlüssig.

Es wurde Spätsommer 2007, September, als Ulrich Tanner die Entscheidung traf. Es war keine plötzliche Entscheidung, es war die Summe vieler kleiner Überlegungen, die er ein ganzes Jahr lang immer wieder angestellt, gedreht und gewendet hatte. Er hatte sich Zeit gelassen, denn es war schließlich eine große Entscheidung, die größte vielleicht, die es gibt. Und Tanner ist keiner, der so etwas überstürzt angeht, aus dem Affekt heraus oder wegen einer anderen Dringlichkeit. Tanner plant und ordnet und wägt ab. Ulrich Tanner ist penibel, mit allem, mit sich selbst erst recht. Darum hat er sich zuerst überreden lassen, es noch einmal mit neuen Medikamenten zu versuchen, wieder und wieder, nichts Voreiliges, nichts, was er nachher bereut. Aber im September war es so weit. Der Entschluss hatte seine Zeit bekommen, er durfte wachsen, so langsam, wie er wollte und sollte, aber jetzt war er reif. Aber auch als die Entscheidung gefallen war, ließ sich Tanner noch zwei Wochen Zeit. Als Sicherheitsabstand gewissermaßen. Dann schrieb er einen Brief.

Köln, 12. Oktober 2007.

Gesuch um Freitodbegleitung.

Sehr geehrte Damen und Herren,

hiermit ersuche ich Sie, DIGNITAS – Menschenwürdig leben – Menschenwürdig sterben, um die Hilfe einer Freitodbegleitung.

Und dann schilderte Tanner im Brief die lange Geschichte seiner Krankheiten, er dramatisierte sie nicht, er berichtete ruhig und zurückhaltend, sachlich, wie er es immer tut. Dann erzählte er seine Lebensgeschichte und persönlichen Umstände, es sind zwei eng beschriebene DIN-A-4-Seiten, und er endete mit einer Bitte: »Ich habe nur noch den Wunsch, würdig gehen zu können. Einen Suizid in Eigenregie will ich nicht machen. Nun hoffe ich natürlich auf Ihr Verständnis und eine positive Entscheidung von Ihnen.«

Dem Brief fügte Tanner bei, was er an Kranken- und Arztberichten besaß. Es war nicht leicht gewesen, diese Dokumente zu beschaffen. Als der Arzt im Krankenhaus hörte, dass sie für einen Brief an »Dignitas« gebraucht würden, sperrte er sich. Tanner versuchte es mit einem Trick: Nein, er wolle keineswegs schon die Dienste dieser Organisation in Anspruch nehmen, er wolle die Akten von ihr nur prüfen lassen, für einen späteren Zeitpunkt. Wer weiß, wie es mit ihm weitergehen würde. Der Arzt gab nach.

Dann schickte Tanner den Brief ab. Und wartete.

Zum Arzt im Krankenhaus ist er seither nicht mehr gegangen. Nur zu seinem Hausarzt. Weil er ja die Schmerzmittel brauchte, das Morphium, das Opiat. Tanner hat ihm von seinem Entschluss erzählt. Kein Problem, sagte der Hausarzt, er werde ihn unterstützen. Bis zuletzt. Tanner wartete weiter. Es fiel ihm schwer.

Bis zum 4. Dezember.

Tanner ist an diesem Tag lange auf dem grauen Sofa liegen geblieben, nachdem er die Antwort von »Dignitas« gelesen, nachdem ihn die Panik ergriffen hatte und schließlich dieses verblüffende Gefühl der Erlösung über ihn gekommen war. Er ist lange dagelegen, ganz ruhig, er wollte dieses Gefühl auskosten, dieses ganz und gar unbekannte Gefühl, er wollte sich Zeit dafür nehmen. Denn es schien ihm ein kostbares Gefühl. Aber er nahm sich die Zeit auch, weil er in sich hineinhorchen wollte, um zu verstehen, was da in ihm war. Es schien ihm eine Neuigkeit. Er horchte gründlich in sich hinein, ausdauernd, aufmerksam, wie es eben die Tanner-Art war. Und er begriff, dass er keine Angst hatte.

Um Leben und Tod

Die Debatte um die Sterbehilfe
und eine öffentliche Erregung

Ulrich Tanners Entschluss teilen jedes Jahr mehr als hundert Menschen in Deutschland. Sie reisen in die Schweiz zur Sterbehilfeorganisation »Dignitas«, um sich dort, begleitet von zwei Helfern, das Leben zu nehmen. Sie treten diese Reise an, weil die deutsche Rechtslage nicht erlaubt, was in der Schweiz möglich ist.

Grundlage der Arbeit von »Dignitas« ist der Artikel 115 des Schweizer Strafgesetzbuchs. Darin heißt es: »Wer aus selbstsüchtigen Beweggründen jemanden zum Selbstmorde verleitet oder ihm dazu Hilfe leistet, wird, wenn der Selbstmord ausgeführt wurde, mit Zuchthaus bis zu fünf Jahren Gefängnis bestraft.« Daraus leitet sich im Umkehrschluss ab, dass die Beihilfe zur Selbsttötung straffrei ist, wenn sie nicht aus eigennützigen Motiven erfolgt. Gemäß Gesetz gilt diese Beihilfe bereits seit 1918 als »eine Freundestat«. Die Schweizer Rechtslage hat in Europa nur in den Niederlanden und weltweit nur im US-Bundesstaat Oregon eine Entsprechung.

In Deutschland ist die Selbsttötung kein Straftatbestand, also kann auch die Beihilfe nicht unter Strafe gestellt werden. Dennoch kann belangt werden, wer bei einem Suizid zugegen ist – wegen unterlassener Hilfeleistung. Sobald die Ohnmacht eingetreten ist, müsste er sofort lebensrettende Maßnahmen einleiten. Tut er das nicht, macht er sich strafbar. Besonders gilt das für Personen, die sich in einer so ge-

27

nannten Garantenstellung zum Sterbewilligen befinden, das heißt für Angehörige und Ärzte. Sie können sogar wegen Totschlags durch Unterlassung verfolgt werden. Die Konsequenz davon ist, dass der zum Sterben entschlossene Mensch genau dann verlassen werden muss, wenn es zum Äußersten kommt. Es ist in Deutschland legal nicht möglich, jemanden beim Freitod zu begleiten.

Weil das in der Schweiz anders ist, wurde dort 1982 der Verein »Exit« gegründet, der heute etwa 50 000 Mitglieder zählt. In den neunziger Jahren begleitete er etwa 30 Menschen pro Jahr in den Freitod. In der jüngeren Vergangenheit stiegen die Zahlen stark an, heute sind es ungefähr 150 Personen im Jahr. »Exit« bietet seine Dienste aber nur Schweizern oder Ausländern mit Schweizer Wohnsitz an. Das wollte der Zürcher Rechtsanwalt Ludwig A. Minelli ändern. Die Menschenrechte dürften nicht an der Schweizer Grenze enden, pflegt er zu sagen, und für ihn gehört die Selbstbestimmung über das eigene Sterben zu den Menschenrechten. Nicht anders sieht es das höchste Gericht des Landes, das Schweizerische Bundesgericht. 1998 trennte sich Minelli im Streit von »Exit« und gründete am 17. Mai in Zürich den Verein »Dignitas«, der auch für Ausländer den begleiteten Suizid möglich macht. Er hat heute etwa 6000 Mitglieder. In den zehn Jahren seines Bestehens hat »Dignitas« mehr als 900 Menschen zum Sterben verholfen, knapp 60 Prozent davon kamen aus Deutschland, die zweitgrößte Gruppe waren die Briten, die drittgrößte die Franzosen. Insgesamt hat die Zahl der Ausländer, die in die Schweiz zum Sterben kommen, seit Beginn des Jahrhunderts enorm zugenommen. Eine weitere, kleinere Schweizer Sterbehilfeorganisation heißt »Ex International«, auch

28

sie hilft Ausländern und umfasst zurzeit etwa 700 Mitglieder.

Seit dem Jahr 2005 gibt es in Deutschland eine Filiale von »Dignitas«. Da der Name schon von einer Organisation, die sich für die Opfer von Verkehrsunfällen engagiert, besetzt war, firmiert sie hierzulande unter dem Titel »Dignitate«, ihr Büro ist in Hannover. Die Gründung sorgte für großes Aufsehen, Demonstrationen und bis heute für empörte Reaktionen. »Wir wollen hier kein Reisebüro des Todes«, erklärte zum Beispiel die niedersächsische Justizministerin Elisabeth Heister-Neumann (CDU). Auch die evangelische Landesbischöfin Margot Käßmann und die damalige Sozialministerin von Niedersachsen, Ursula von der Leyen, protestierten. Die Kritik nahm noch zu, als »Dignitate« 2007 ankündigte, man wolle demnächst auch in Deutschland eine Sterbebegleitung nach Schweizer Muster organisieren. Ziel sei es, damit die juristische Klärung zu provozieren, ob die deutsche Rechtslage überhaupt haltbar sei. Immerhin hatten Teile des Nationalen Ethikrats, eines von der Bundesregierung eingesetzten Forums von 25 Mitgliedern verschiedener Wissenschaftsdisziplinen, für eine Veränderung der rechtlichen Situation plädiert: »Ein derartiger Entschluss eines unheilbar Kranken, aus dem Leben zu scheiden, sollte ihm nahe stehende Personen von jeder moralischen und rechtlichen Verpflichtung entbinden, rettend einzugreifen, um den Suizid zu verhindern.« Auch der Deutsche Juristentag setzte sich 2006 dafür ein, die begleitete Selbsttötung zu legalisieren.

Der Vorstoß von »Dignitate« war insofern erfolgreich, als die Sterbehilfe alsbald zum Dauerthema der öffentlichen Diskussion geriet. Zeitungen und Magazine waren voll davon, Fernseh-Talkrunden debattierten, Politiker und Kirchenleute erregten sich, sogar der Bundespräsident sah sich genötigt, Stellung zu beziehen: »Der Mensch soll nicht durch die Hand eines anderen, sondern an der Hand eines anderen sterben.« Hohe Wellen schlug Ende Juni 2008 der Fall des ehemaligen Hamburger Justizsenators Roger Kusch, der einer 79-jährigen Frau beim Suizid half. Die öffentliche Empörung führte zu einem Antrag des Deutschen Bunderats, in dem das Verbot organisierter und kommerzieller Sterbehilfe verlangt wird. Schon einige Zeit zuvor hatte der »Stern« zwölf Porträts von todkranken Menschen veröffentlicht, die sich dazu bekannten, in der Schweiz sterben zu wollen. Das erinnerte an die Kampagne »Ich habe abgetrieben«, mit der dieselbe Zeitschrift 1971 für die Änderung des Paragraphen 218 eingetreten war.

Ohnehin ähnelt die Debatte in vielem der Abtreibungsdiskussion vergangener Zeiten. Kein Wunder, es sind ja die gleichen Grundwerte wie damals, die auch beim Thema Sterbehilfe aufeinanderprallen: Selbstbestimmungsrecht und Lebensschutz. Die Debatte ist deshalb emotional hoch aufgeheizt und trägt alle Anzeichen eines Kulturkampfs. Eigentlich, schrieb die »Zeit«, sei es gar keine Debatte, sondern eine »öffentliche Aufwallung«. Ein Grund für die aufgeregten Töne ist gewiss, dass das Thema, bewusst oder unbewusst, Angst macht. Denn es gemahnt ja an die eigene Endlichkeit, es ruft mitten im Leben Bilder der größten Lebenskatastrophe hervor, des Todes. Es löst quälende Vorstellungen aus: von Krankheit, von Siechtum, von Schmerzen, die so grässlich sind, dass man lieber sterben möchte, als sie auch nur einen Tag länger auszuhalten. Nicht unverständlich, dass viele kaum in der Lage sind, sich

30

auf das furchterregende Thema einzulassen, und sich hinter Grundsätzen und Grundwerten verschanzen.

Oft freilich bestimmt die Debatte über die Sterbehilfe bloße Unkenntnis. So erklärte zum Beispiel Bundeskanzlerin Angela Merkel auf dem Hannoveraner Bundesparteitag der CDU im Dezember 2007 unter dem Beifall der Delegierten: »Liebe Freunde, deswegen bekennen wir uns ganz klar zum Stopp der aktiven Sterbehilfe. Das Vorgehen einer Schweizer Gesellschaft ist für mich mit dem Gebot des Grundgesetzes nicht vereinbar. Dass diese Gesellschaft auch noch ›Dignitas‹, also Würde, heißt, ist der Gipfel der Unverschämtheit. Aktive Sterbehilfe wird es mit der Christlich Demokratischen Union nicht geben.«

Wie der Kanzlerin ergeht es vielen. Die verschiedenen Formen der Sterbehilfe sind wenig bekannt, bisweilen fällt die Unterscheidung schwer, und manches bleibt in einer juristischen Grauzone. Im Grunde gilt es, vier Arten der Sterbehilfe auseinanderzuhalten:

Aktive Sterbehilfe: Sie wird juristisch »Tötung auf Verlangen« genannt und ist in Deutschland – wie auch in den meisten anderen europäischen Ländern – verboten. Nach Paragraph 216 des Strafgesetzbuchs wird sie mit bis zu fünf Jahren Gefängnis bestraft, auch wenn ein unheilbar Kranker ausdrücklich darum gebeten hat. Bei aktiver Sterbehilfe wird dem Patienten ein tödlich wirkendes Medikament, meist mit einer Spritze, verabreicht. Trotz des Verbots kommt aktive Sterbehilfe in Deutschland vor. Mitte der neunziger Jahre hatte der Hamburger Medizinethiker Karl-Heinz Wehkamp 282 repräsentativ ausgewählte Allgemeinmediziner befragt, ob sie schon einmal jemanden auf Verlangen getötet hatten, 22 davon sagten Ja. Hochgerechnet auf die 60 000 in Deutschland niedergelassenen Allgemeinmediziner käme man auf eine Zahl von knapp 5000, gut acht Prozent also. Die Dunkelziffer ist gewiss höher. In Frankreich veröffentlichte die Wochenzeitung »Le Nouvel Observateur« im Jahr 2007 ein Manifest, in dem sich 2134 Ärzte, Krankenschwestern und Pfleger dazu bekannten, aktive Sterbehilfe geleistet zu haben.

In den Niederlanden und in Belgien ist aktive Sterbehilfe seit 2002 straffrei. Es müssen dafür allerdings einige Voraussetzungen erfüllt sein: So müssen immer zwei Ärzte zu Rate gezogen werden, der Patient muss sich in der Endphase seines Lebens befinden oder in einer aussichtslosen Notlage, und er muss mehrmals und nachdrücklich den Wunsch geäußert haben zu sterben. Um einen »Sterbetourismus« zu vermeiden, wird diese Form der Sterbehilfe Ausländern nicht gewährt. Damit werden Konsequenzen aus der Vergangenheit gezogen, als die liberaleren Abtreibungsgesetze zahllose Frauen, insbesondere Deutsche, in die Niederlande reisen ließen.

Passive Sterbehilfe: Damit wird der Verzicht auf lebensverlängernde Maßnahmen bezeichnet oder der Abbruch einer Behandlung bei einem unheilbar Kranken. Es kann dabei zum Beispiel auf Reanimation verzichtet werden, auf die Gabe von Antibiotika, auf künstliche Beatmung, Ernährung oder Flüssigkeitszufuhr. Auch wenn ein Arzt lebenserhaltende Apparate ausschaltet, gilt das als passive Sterbehilfe, selbst wenn er damit aktiv ins Geschehen eingreift. Denn der Tod wird hier ja nicht künstlich herbeigeführt, es wird vielmehr der natürliche Krankheitsverlauf zugelassen. Passive Sterbehilfe ist straffrei. Dennoch gibt es bei Ärzten oftmals Unsicherheiten, weil genaue Regelungen fehlen. Der Deutsche Juristentag 2006 forderte deshalb mehr Rechtssicherheit durch eine ausdrückliche Verankerung im Strafrecht.

Indirekte Sterbehilfe: So werden Behandlungen genannt, die die Schmerzen eines unheilbar Kranken lindern, dabei aber zu einer Verkürzung seines Lebens führen können. So kann zum Beispiel bei einer starken Morphiumgabe die Atemtätigkeit beeinträchtigt werden. Grundlegend für indirekte Sterbehilfe ist, dass die Absicht der Schmerzbehandlung im Vordergrund steht und die Tötung nicht intendiert ist. Sie ist in Deutschland nicht strafbar und wird auch von den Kirchen bis hin zum Vatikan akzeptiert. Dennoch verschwimmt der Unterschied zur aktiven Sterbehilfe in vielen Fällen, da ja nicht nachweisbar ist, ob der Tod nur billigend in Kauf genommen wurde oder beabsichtigt war. Die Unterscheidung zwischen aktiver und indirekter Sterbehilfe findet im Kopf des Arztes statt.

Beihilfe zur Selbsttötung: Es wird auch vom begleiteten Freitod oder vom assistierten Suizid gesprochen. Dabei besorgt eine Sterbehilfeorganisation, ein Arzt oder eine andere Person ein tödliches Medikament. Bei den in der Schweiz tätigen Vereinen handelt es sich dabei in der Regel um Natrium-Pentobarbital, das in Deutschland in der Humanmedizin verboten ist und in der Schweiz nach einer Untersuchung von einem Arzt verschrieben werden kann. Davon werden 15 Gramm in bis zu 60 Milliliter Wasser aufgelöst. Das Mittel muss der Patient sich allerdings selbst verabreichen. Normalerweise durch Trinken des Medikaments, seltener durch das Bedienen eines Schalters an einem Infusionsschlauch. In jedem Fall muss die Tatherrschaft beim Patienten selbst liegen. Damit unterscheidet sich der assistierte Suizid grundsätzlich von den zuvor genannten Formen der Sterbehilfe, die immer das Tun eines anderen voraussetzen, also das Tabu der Fremdtötung brechen. Nach der Einnahme des tödlichen Mittels fällt der Patient nach zwei bis fünf Minuten in eine Ohnmacht, nach etwa zwanzig Minuten tritt der Tod ein. Die Selbsttötung wird anschließend den Behörden angezeigt, die jeden Fall untersuchen. Um zu dokumentieren, dass der Suizident sich das Mittel auch selbsttätig verabreicht hat, wird der Moment der Einnahme, nicht das Sterben selbst, von den Schweizer Organisationen auf Video aufgezeichnet. Damit wird anwesenden Angehörigen hinterher die Befragung durch die Polizei erspart.

Eine Sonderform stellen Apparate zur Selbsttötung dar, die immer wieder von Tüftlern ausgedacht werden, in der Praxis aber oft scheitern oder schreckliche Schäden anrichten. Die neueste Variante stellte 2008 Roger Kusch vor. Ob seine Erfindung und insbesondere die Beschaffung der dafür nötigen Medikamente in der Tat eine legale Beihilfe zum Suizid ermöglichen, ist vorerst noch nicht geklärt.

Dass in Deutschland große Zurückhaltung herrscht, sich dem Thema Sterbehilfe zu stellen, hat einen guten Grund. Es ist der Schatten des Nationalsozialismus. Gut sechzig Jahre nach dem Ende der grauenhaften Euthanasie-Verbrechen, bei denen behinderte Menschen als »unwertes Leben«, als »Ballastexistenzen« umgebracht wurden, könne es nicht angehen, sagen viele, dass in Deutschland wieder darüber nachgedacht wird, ob Leben vor dem natürlichen Tod beendet werden darf. Die Debatte um die Sterbehilfe relativiere das Tötungstabu.

In der Tat kann man über Sterbehilfe in Deutschland nur schwerlich reden, ohne sich der Nazi-Euthanasie zu erinnern. Jede Debatte darüber muss diese Bedenken mitdiskutieren, die zeitliche Nähe zu den nationalsozialistischen Massenmorden ist groß. Eine inhaltliche Nähe gibt es indessen nicht. Euthanasie, wie sie die Nazis praktizierten, und Sterbehilfe sind vollkommen verschiedene, ja gegensätzliche Dinge. Euthanasie war Mord, Menschen wurden gegen ihren Willen getötet; bei der Sterbehilfe hingegen sterben Menschen aufgrund ihres eigenen Willens. Euthanasie war ein Gewaltakt des Staates, bei der Sterbehilfe handelt das Individuum. Erschwert wird die Unterscheidung auch noch dadurch, dass beinahe überall auf der Welt, insbesondere im englischsprachigen Raum das Wort »Euthanasie« ganz einfach Sterbehilfe meint und keinen Bezug zu den Nazi-Verbrechen hat. Dennoch stellt sich die Assoziation zum »unwerten Leben« fast automatisch her.

Ein weiteres Argument lautet, mit der Liberalisierung der Sterbe- und Freitodhilfe gerate die Gesellschaft auf eine schiefe Ebene, auf der es, einmal dort angekommen, kein Halten mehr gebe. Es komme zu einem Dammbruch des ethischen Normensystems, zum Verlust des Respekts vor dem menschlichen Leben. Ja, gefährdet sei der Grundwert der Zivilisation schlechthin: die Unantastbarkeit des menschlichen Lebens. Da dürfe es keine Ausnahmen geben.

Dennoch gibt es diese Ausnahmen. Allgemein akzeptiert ist bekanntlich das Töten in Notwehr oder im Fall eines Verteidigungskriegs, auch die Zulässigkeit des so genannten Tyrannenmords wird vielfach bejaht, darüber hinaus ist die Todesstrafe keineswegs überall geächtet, auch von den meisten Kirchen nicht. Glorifiziert wird sogar der Opfertod für einen Menschen oder für eine gute Sache.

Häufig heißt es auch, die Zulassung des begleiteten Suizids führe dazu, dass die Hemmschwelle vor der Selbsttötung herabgesetzt werde. Befürworter der Sterbehilfe verweisen allerdings auf eine Studie der University of Utah vom September 2007. Wissenschaftler hatten im US-Bundesstaat Oregon und in den Niederlanden Untersuchungen angestellt, ob es dort seit der Legalisierung der Sterbehilfe eine Zunahme von Sterbewünschen gegeben hat. Das Ergebnis: Nirgendwo waren steigende Zahlen zu registrieren. Von »slippery slope«, dem gefürchteten Dammbruch, könne keine Rede sein.

Ein sehr gewichtiges Argument der Liberalisierungsgegner lautet, Alte und Kranke könnten unter Druck gesetzt werden, ihrem Leben frühzeitig ein Ende zu setzen. Sie handelten gar nicht aus freiem Willen, sondern würden möglicherweise von Angehörigen zum Sterben gedrängt, die die Last der Pflege loswerden oder gar frühzeitig an eine Erbschaft gelangen wollten. Alte Menschen fühlten sich immer öfter als Zumutung für ihre Umgebung und seien deshalb leicht zu beeinflussen. Vertreter von Sterbehilfeorganisationen halten dem entgegen, in ihren Gesprächen mit Sterbewilligen würden sie bemerken, wenn es sich nicht um einen eigenen, sondern einen fremdgesteuerten Sterbewunsch handeln sollte. Aber letztlich vermag natürlich niemand auszuschließen, dass solche Fälle von Fremdbestimmung vorkommen können. »Entsprechende Gefahren bestehen jedoch überall dort, wo das generelle Tötungsverbot außer Kraft gesetzt wird«, schreibt der Jurist und Rechtsphilosoph Norbert Hoerster, und er fragt: »Wollen wir das Notwehrrecht zur Verteidigung eigener Güter, sofern erforderlich auch zu töten, deshalb für illegitim erklären, weil gelegentlich Leute in einer bloß vermeintlichen Notwehrsituation töten, oder weil gelegentlich Leute in einer tatsächlichen Notwehrsituation töten, obschon eine mildere Form der Verteidigung … ausgereicht hätte?«

Deutlich gegen den begleiteten Suizid hat sich die Deutsche Ärztekammer positioniert. Zu töten oder beim Töten zu helfen lasse sich mit dem Berufsbild des Arztes nicht vereinbaren. »Die Mitwirkung des Arztes bei der Selbsttötung widerspricht dem ärztlichen Ethos und kann strafbar sein«, heißt es in den »Grundsätzen der Bundesärztekammer zur ärztlichen Sterbebegleitung«.

Besonders vehement ist der Widerstand gegen die Freitodhilfe bei den christlichen Kirchen. Zwar wird die Selbsttötung in der Bibel nirgendwo verurteilt, aber schon im fünften Jahrhundert schrieb der Kirchenvater Augustinus klar und eindeutig: »Das aber sagen, das versichern wir, daran halten wir mit aller Entschiedenheit fest, dass niemand freiwillig den Tod suchen darf, um zeitlicher Pein zu entgehen, er würde sonst der ewigen anheimfallen.« Im

Grunde sind es bis heute drei Hauptgründe, die von kirchlicher Seite vorgebracht werden und die Thomas von Aquin schon im 13. Jahrhundert formuliert hat: Die Selbsttötung verstoße gegen die Natur, gegen den Antrieb zur Selbsterhaltung. Zweitens sei der Mensch Teil der menschlichen Gemeinschaft, er gehöre dieser Gemeinschaft, habe Verantwortung dafür und dürfe sich nicht daraus fortstehlen. Drittens sei das Leben ein Geschenk Gottes, darüber dürfe der Mensch nicht entscheiden, es sei vielmehr der Gewalt dessen untertan, »der tötet und lebendig macht«.

Neben dem Selbsttötungsverbot wird von den Kirchen auch immer wieder der Wert des Leidens als Bestandteil des menschlichen Lebens betont, Prüfungen seien gottgewollt, Schmerzen ein Teil der »conditio humana«. So sagte zum Beispiel Kardinal Karl Lehmann 2007 beim Mainzer Hospiz- und Palliativtag: »Wir haben nicht das Recht, unser Leben selbstmächtig zu beenden oder unser Menschsein durch völlige Ausschaltung unserer Sinne und unseres Denkens und Wollens zu betäuben oder geradezu auszuschalten.« Sterbehilfe, so haben die katholischen deutschen Bischöfe geäußert, sei eine »Lawine der Unmenschlichkeit«, eine »Zersetzung der Menschlichkeit«.

Auch die evangelische Kirche steht nicht zurück. So erklärte die Generalsynode der Vereinigten Evangelisch-Lutherischen Kirche Deutschlands: »Die aktive Beendigung des Lebens, auch wenn es schmerzgeplagt ist, verstößt gegen Gottes Gebot. Kein Arzt, Sterbebegleiter oder Angehöriger darf sich zum Herrn über Leben und Tod aufschwingen ... Zum Humanum gehört es, sich auch dem Elend zu stellen, das mit dem Sterben verbunden sein kann.« Auch hier wird also wieder mit der Sinnstiftung durch Leiden argumentiert.

Für ihre unnachgiebige Haltung werden die Kirchen mitunter heftig kritisiert: Sie widerspreche geradewegs einem Grundwert des Christentums, dem Gebot der Barmherzigkeit. So sprach der frühere Präsident des Bundesverfassungsgerichts, Wolfgang Zeidler, von einer »Bastion der Inhumanität als Folge kirchlichen Einflusses auf die Rechtsordnung«.

Natürlich gibt es auch in der Kirche andere Stimmen. Eine besonders eindeutige Haltung nimmt – wie so oft – der Theologe Hans Küng ein. Er plädiert für die Selbstbestimmung des Einzelnen: »Wenn das ganze Leben von Gott in die Verantwortung eines Menschen gestellt ist, dann gilt diese Verantwortung auch für die letzte Phase seines Lebens, ja, sie gilt erst recht für den eigentlichen Ernstfall seines Lebens: wenn es ans Sterben geht. Warum sollte gerade diese letzte Phase des Lebens von der Verantwortung ausgenommen sein?«

Wie Küng denken viele. Umfragen haben ergeben, dass etwa zwei Drittel der kirchlich gebundenen Befragten der Amtskirche nicht folgen und sich für Sterbehilfe aussprechen. In der Gesamtbevölkerung Deutschlands ergeben Umfragen immer wieder eine hohe Zustimmung, die zwischen 70 und 75 Prozent liegt. Darum wird die Diskussion um die Sterbehilfe weitergehen. Schon deshalb, weil die Diskrepanz zwischen der derzeitigen Rechtslage und der öffentlichen Meinung enorm ist. Ein Spagat, der in einer Demokratie auf die Dauer kaum gehalten werden kann.

Wie gegenwärtig das Thema in aller Welt ist, wie breitenwirksam, zeigen auch die Erfolge von Filmen, in denen es um Sterbehilfe geht. Berühmt geworden sind die 2005 mit dem Oscar ausgezeichnete Leidensgeschichte »Das Meer in mir« (»Das Leben ist ein Recht, keine Pflicht«) oder Clint Eastwoods »Million Dollar Baby« von 2004. Sehr viel älter, von 1971, ist der Kultfilm »Harold und Maude«, in dem die Protagonistin an ihrem 80. Geburtstag beschließt, aus dem Leben zu scheiden. Ein großer Kinoerfolg war 2008 dem Film »Schmetterling und Taucherglocke« beschieden, bei dem es um einen Menschen im Locked-in-Syndrom geht, der aber gerade nicht den Weg in den Tod wählt, sondern einen unbändigen Lebenswillen demonstriert. Er ist am ganzen Körper gelähmt, kann nur noch ein Auge bewegen und diktiert mit seinem Wimpernschlag ein ganzes Buch. Auch in Theaterstücken wird das Thema behandelt und sogar in einer Krimiserie im deutschen Fernsehen (»Post Mortem«). Seinen populären Höhepunkt erlebte es in den Harry-Potter-Büchern. Im siebten und letzten Band entpuppt sich ein besonders erschütternder Todesfall als einer von Sterbehilfe.

Dass das Thema in diesen Jahren so sehr in den Vordergrund gerät, hat drei Hauptgründe. Zum einen ist es eine Folge der enormen Zunahme ärztlicher Künste. »Die Fortschritte der Medizin sind ungeheuer«, schrieb der Schriftsteller Hermann Kesten, »man ist sich seines Todes nicht mehr sicher.« In der Tat ist das natürliche Sterben die Ausnahme geworden, es macht mittlerweile höchstens ein Drittel aller Todesfälle aus. Man stirbt nicht mehr einfach an Altersschwäche wie früher, als der Tod das Unvorhersehbare war: Du kennst nicht Tag noch Stunde. Heute scheint das Sterben – wie die Geburt – in die Verfügungsgewalt des Menschen gegeben zu sein. Der Tod als planbares Ereignis, als Option. Deshalb findet er auch selten mehr zu Hause statt, achtzig Prozent der Sterbefälle ereignen sich in Krankenhäusern oder Pflegestationen – obwohl wiederum achtzig Prozent der Menschen angeben, zu Hause sterben zu wollen. Der Tod ist damit weitgehend aus dem Alltagsleben verdrängt worden. Viele kennen ihn nur aus dem Fernsehen, in der Wirklichkeit haben sie noch nie einen Toten gesehen oder gar angefasst.

»Noch zu Beginn des 20. Jahrhunderts«, schrieb der Historiker Philippe Ariès in seiner großen »Geschichte des Todes«, »…veränderte im gesamten Abendland… der Tod eines einzelnen Menschen auf feierliche Weise den Raum und die Zeit einer sozialen Gruppe … Man schloss die Vorhänge im Zimmer des Sterbenden, zündete Kerzen an, sprengte Weihwasser aus, das Haus füllte sich mit Nachbarn, Angehörigen und Freunden, die im Flüsterton sprachen und sich ernst und gemessen benahmen …« Heute hat sich das vollkommen verändert. Der Tod ist aus dem Alltag ausgebürgert worden. Die Gesellschaft legt keine Pause mehr ein, weil jemand gestorben ist, das Leben geht weiter wie zuvor. »Das Verschwinden eines Einzelnen unterbricht nicht mehr ihren kontinuierlichen Gang. Das Leben der Großstadt wirkt so, als ob niemand mehr stürbe.«

Auch allzu große Trauer zu zeigen gilt mittlerweile meist als wenig schicklich. Sie stört. Gefasstheit ist gefordert, ein längeres Aussteigen aus dem Produktionsprozess undenkbar. Die Trauer ist weitgehend abgeschafft – wie die Trauerkleidung in den meisten Fällen auch. »In meiner Jugend«, schreibt Ariès, »verschwanden trauernde Frauen noch förmlich unter ihren schwarzen Tüchern und Schleiern. Im französischen Bürgertum, war es noch üblich, kleine Kinder, deren Großmutter gestorben war, in Violett zu kleiden. Meine eigene Mutter hat wegen eines im Kriege gefallenen

Sohnes seit 1945, während der ganzen letzten zwanzig Jahre ihres Lebens, Trauerkleidung getragen. Heute dagegen …«

Der Wandel ist mit einer ungeheuren Geschwindigkeit vor sich gegangen, jahrtausendealte Gewohnheiten und Gewissheiten sind überholt. Eine Veränderung, die mit der gesellschaftlichen Säkularisierung zu tun hat, sehr viel aber auch mit dem medizinischen Fortschritt. Die Intensiv-medizin hat es erreicht, die natürlichen Sterbevorgänge von Grund auf zu verändern. Das Leben ist als künstliches Leben verlängerbar – im Prinzip nach Belieben. Zur Frage steht allerdings, was dabei eigentlich verlängert wurde: das Sterben oder das Leben? Eine besondere Rolle spielte bei dieser Entwicklung die Erfindung der so genannten PEG-Magensonde in den achtziger Jahren. Zuvor war künstliche Ernährung schwierig, brachte viele hygienische Probleme mit sich, weshalb sie meist nur kurzfristig in Krisensituatio-nen angewendet wurde. Heute kann sie jahre- und jahr-zehntelang eingesetzt werden. Etwa 140 000 Ernährungs-sonden werden jedes Jahr in Deutschland gelegt. Der Tod kommt wegen all der medizinischen Errungenschaften nicht mehr einfach, immer öfter muss ihm eine Entschei-dung vorausgehen, ob er eintreten soll oder nicht.

Die wenigsten dieser Entscheidungen werden öffentlich. Wenn sie es aber werden, dann führen sie meist zu erregten Debatten. Berühmt ist zum Beispiel der Fall der US-Ame-rikanerin Terri Schiavo, die 15 Jahre lang im Wachkoma lag, ehe 2005 die lebenserhaltenden Maßnahmen beendet wurden. Über die Frage, ob dies ethisch und juristisch ver-tretbar sei, zerstritten sich nicht nur Schiavos Ehemann und deren Eltern, sondern eine ganze Nation. Viel Auf-sehen erregte auch der Fall Piergiorgio Welby im Dezember

2006. Der Italiener litt an einer unheilbaren, zum Tod führenden Muskelerkrankung und wandte sich an den Staatspräsidenten und an die Öffentlichkeit mit der Forderung, sein Beatmungsgerät möge unter ärztlicher Aufsicht und mit der Gabe von Narkotika abgeschaltet werden. Obwohl das in Italien verboten ist, fand sich ein Arzt dazu bereit. Die Staatsanwaltschaft erhob keine Vorwürfe gegen den Arzt, der Vorsitzende der Italienischen Bischofskonferenz jedoch, Kardinal Camillo Ruini, verweigerte Welbys Angehörigen dessen kirchliche Bestattung. So wurde zu Beginn des 21. Jahrhunderts jene berühmte Zeile wiederbelebt, mit der Goethe 1774 seinen Roman über den Selbstmörder Werther schloss: »Kein Geistlicher hat ihn begleitet.«

Heftig diskutiert wurde Anfang des Jahres 2008 der Fall der 52-jährigen Chantal Sébire aus Dijon. Die Französin litt infolge einer Krebserkrankung, die ihr Gesicht entstellte und zur Erblindung führte, an furchtbaren Schmerzen. Sie appellierte an Präsident Nicolas Sarkozy mit der Bitte, es möge ihr zum Tod verholfen werden. Obwohl dies in Frankreich nicht legal ist, fand sich eine bis heute nicht bekannte Person, die ihren Wunsch erfüllte.

Der zweite Grund, warum Sterbehilfe ein so allgegenwärtiges Thema geworden ist, hat etwas mit dem demographischen Wandel zu tun. Die Gesellschaft in Deutschland, wie die in anderen europäischen Staaten auch, wird mit geradezu rasanter Geschwindigkeit eine Gesellschaft der Alten. Mitte des Jahrhunderts wird jeder dritte Deutsche jenseits der fünfundsechzig sein. Die durchschnittliche Lebenserwartung liegt dann laut Statistischem Bundesamt bei 84,5 Jahren für Frauen und bei 80,5 Jahren für Männer. Dabei ist das noch eine vorsichtige Schätzung. Es gibt Experten, die für 2050 mit einer Lebenserwartung für Frauen von über hundert Jahren rechnen. »Eine Obergrenze der Lebenserwartung ist nicht in Sicht«, sagt das Statistische Bundesamt.

Noch eindrucksvoller sind die prognostizierten Zahlen bei den Spitzenwerten. Die Achtzig- und Neunzigjährigen werden den am schnellsten wachsenden Teil der Bevölkerung stellen. Heute sind 3,8 Prozent der Deutschen älter als achtzig. Im Jahr 2050 werden es 11,3 Prozent sein. Aber man muss gar nicht in die Zukunft schauen, die Veränderungen sind schon heute dramatisch: 1965 lebten in Deutschland 8095 Menschen, die älter als 95 waren. Im Jahr 2000 waren es etwa 114 000. Eine unglaubliche Steigerung.

Dass die Menschen so alt werden, ist nicht nur eine frohe Botschaft. Denn die Verlängerung des Alters führt auch dazu, dass mehr Zeit in Leiden und Schmerzen verbracht wird, als das früher der Fall war. Die Wahrscheinlichkeit, zum Pflegefall zu werden, steigt mit den Lebensjahren exponenziell. Bis sechzig liegt das Risiko der Pflegebedürftigkeit unter einem Prozent, bis siebzig bei 2,1 Prozent. Zwischen achtzig und fünfundachtzig sind es schon zwanzig Prozent Pflegefälle, zwischen fünfundachtzig und neunzig 33, und bei den über Neunzigjährigen liegt die Zahl bei 58 Prozent. Insgesamt wird sich die Zahl der Pflegebedürftigen bis zur Jahrhundertmitte von heute gut zwei Millionen auf mehr als vier Millionen verdoppeln.

Wer mit solchen Zahlen im Kopf in die Zukunft schaut, hat nicht gerade gute Aussichten. Die Zunahme an Pflegefällen ist gewaltig, aber die politischen Konzepte, wie damit umgegangen werden soll, sind dürftig. Die Nachrichten über den Pflegenotstand in Deutschland lesen sich erschreckend, und der neueste Bericht des Medizinischen Dienstes der Krankenkassen über die Qualität der Pflege, der vom August 2007 stammt, ist geradezu dramatisch zu nennen: Bei 34 Prozent der untersuchten Heime gab es Probleme mit der Nahrungsmittel- und Flüssigkeitsversorgung, 35 Prozent der Heimbewohner litten unter den extrem schmerzhaften Druckgeschwüren, die entstehen, wenn Patienten vernachlässigt werden. In jeder zehnten Pflegeeinrichtung fanden die Prüfer Fälle von akuter Verwahrlosung. Der Berufsverband Altenpflege schätzt, dass unter den gut 9000 deutschen Pflegeheimen ein Drittel schwarze Schafe sind. Glücklich also, wer private Pflege zu Hause durch Angehörige findet. Noch sind es an die 70 Prozent, aber die Zahl nimmt deutlich ab. Eine Gesellschaft der zerbrechenden Familienstrukturen und der steigenden Mobilität hat ihren Preis.

Kein Wunder, dass bei solchen Perspektiven Zukunftsängste genauso wachsen wie die Zahl von Personen, die sich der Pflegebedürftigkeit nicht ausliefern wollen. Der Lebensabend wird zum Lebensabschnitt der Bedrohung: Jede dritte Selbsttötung in Deutschland wird von Menschen jenseits der 65 vorgenommen. Solange eine menschenwürdige Pflege nicht gesichert werden kann, solange in den wenigsten Heimen Schmerzmedizin angewandt wird, solange dort allzu oft Alte vereinsamt, ohne Hilfe und Trost sterben müssen, so lange wird die Diskussion um die Sterbehilfe zunehmen.

Denn die Zahl der Menschen wächst, die nicht mehr willens sind, die derzeitigen Zustände einfach hinzunehmen. Und das könnte der dritte Grund sein, warum das Thema Sterbehilfe so ein großes Thema geworden ist. Eine Generation kommt nun in die Jahre, die selbstbestimmter aufgewachsen ist als die Generationen zuvor. Nicht im Drill des Nationalsozialismus, der jegliche Individualität zerbrechen wollte, nicht in den erzautoritären Familien-, Kirchen- und Staatsstrukturen noch früherer Zeiten. Diese Generation hat keinen Krieg erlebt, keinen Hunger und größere Entbehrungen in der Regel auch nicht. Sie ist in Verhältnissen aufgewachsen, die es ihr ermöglicht haben, dem eigenen Ich und besonders der Autonomie dieses Ichs große Aufmerksamkeit zu schenken. Es ist deshalb nicht unwahrscheinlich, dass diese Generation und all die folgenden Fremdbestimmung am Ende ihrer Tage so wenig dulden werden wie zeit ihres ganzen Lebens. Denen völlig unbegreiflich scheint, warum ihnen plötzlich Vorschriften gemacht werden – weil sie alt sind. Denen ebenso wenig einleuchtet, dass sie Schmerzen gefälligst zu ertragen haben – weil sie krank sind. Eine Generation, die sich das Leben nach eigenen Wünschen zuschneidet. Nichts mehr wird anderen überlassen, seien es Autoritäten oder gar die Natur. Menschen, die bestimmen, wann die Kinder zur Welt kommen und wie. Die Partnerschaften eingehen und beenden und alte Familienstrukturen aufbrechen. Und die nun auch über den Tod entscheiden wollen. Der Tod wird wie die Geburt zu einem Gegenstand der Zukunftsplanung, um den sich eine Vielzahl von Spezialisten kümmert: von den Ärzten bis zum Schmerztherapeuten, vom Psychologen bis zum ehrenamtlichen oder professionellen Sterbebegleiter, von Wissenschaftlern bis zu Krankenkassenvertretern.

Und die anfangen, schwierige Fragen zu stellen: Wer darf sich zum Herrn über unser Leben, unser Leiden, unser

46

Sterben machen? Kann es sein, dass das Selbstbestimmungsrecht ausgerechnet in den Jahren des Alters, da es ein geradezu körperliches Recht werden könnte, wenig oder gar nichts mehr gilt? Dass die paternalistische Bevormundung unter dem Anschein der Fürsorge die Freiheit des Einzelnen einschränken darf?

Es sind Fragen, auf die es keine einfachen Antworten gibt. Und jeder, der sich mit allzu schnellen und lauten Festlegungen ins Scheinwerferlicht stellt, wie das besonders gerne Politiker, Kirchenleute, Ärzte und manchmal auch Juristen tun, läuft in die Gefahr einer großen Anmaßung. Weil neben allen moralischen und ethischen Grund- und Kernsätzen immer ein Mensch steht, ein Individuum mit seiner eigenen Geschichte, seinem Leiden, seinen Schmerzen, vielleicht auch seiner Schwäche. Weil die Aufrichtung der Grundsätze allzu oft die Erniedrigung der Einzelperson bedeutet. Reinhard Merkel, der Hamburger Professor für Strafrecht und Rechtsphilosophie, drückte das 2006 auf dem Wiesbadener Internistenkongress so aus: »Das Tötungsverbot gehört zu der fundamentalen Ordnung unserer Normen, doch diese enden irgendwann an der Unzumutbarkeit dessen, was wir einem schwerkranken, schwer leidenden Sterbewilligen aufhalsen. Wir können nicht den Einzelnen für unsere Normschutzinteressen sozusagen uferlos leiden lassen.«

Ulrich Tanner hat den Weg in die Schweiz gewählt, weil es der einzige ist, der Sterbehilfe schon möglich macht, bevor Pflegebedürftigkeit eingetreten ist. Denn das war ihm stets eine feste Überzeugung und obendrein eine Lehre aus seinen Krankenhausaufenthalten: dass für ihn das Leben ohne

Würde sei, eine Demütigung, wenn er ganz und gar auf die Hilfe anderer angewiesen wäre. Der Verfall seiner körperlichen und geistigen Kräfte, nicht mehr Herr zu sein über körperliche Funktionen, das sei so etwas wie die Auflösung seines Menschseins. Dem werde er sich nicht aussetzen. Natürlich, betonte Tanner, sage er das nur für sich selbst, das sei ihm besonders wichtig. Jeder Mensch habe das Recht auf seine eigene Entscheidung. Er könne sehr gut verstehen, wenn andere seinen Weg nicht gehen wollten, ihn sogar verabscheuten. Aber seine Entscheidung sei klar, definitiv und eindeutig: Er werde kein Pflegefall werden. Niemals. Nicht sediert, künstlich beatmet und ernährt an Schläuchen und Infusionen hängen, nicht in seinen Exkrementen liegen. Dem komme er zuvor.

Das Geständnis

Tanner fällt eine Entscheidung
und schockiert seine Freunde

Tanner las den Brief vom 4. Dezember immer und immer
wieder. Da war ja nicht nur die Mitteilung über das »grüne
Licht«, diese große, lebensentscheidende Mitteilung. Da
war noch etwas anderes, eine Frage, nicht weniger lebens-
entscheidend. Tanner, auf dem grauen Sofa, hinter sich den
schmerzverkrümmten heiligen Sebastian, las:

»Sie haben nun folgende Möglichkeiten:

– Sie nehmen das ›provisorische grüne Licht‹ als
Notausgang für einen späteren Zeitpunkt an und
warten mit Arztbesuch und Freitodbegleitung so
lange, bis der für Sie passende Zeitpunkt gekommen
ist.

– Sie treffen vorgängig schon mal den Arzt, kehren
anschließend wieder an Ihren Wohnort zurück und
entscheiden sich erst zu einem späteren Zeitpunkt
für eine Freitodbegleitung.

– Sie treffen den Arzt, um dann gleich am darauf folgenden Tag eine Freitodbegleitung in Anspruch zu
nehmen.

Wir wissen, dass allein schon der Umstand, dass Sie
das ›provisorische grüne Licht‹ für eine Freitodbegleitung erhalten haben, dazu führen kann, dass sich
Ihre Situation verbessert und Sie Ihr Leben weiter
ertragen und teilweise auch genießen können.

Sobald Sie sich für einen ungefähren Zeitpunkt für

den Arztbesuch (und eventuelle Freitodbegleitung) entschieden haben, bitten wir um Ihre Nachricht. Wir werden dann einen gemeinsam passenden Termin suchen.«

Für Tanner war die Sache von vorneherein entschieden. Von den drei Möglichkeiten, die »Dignitas« ihm vorschlug, kam nur eine in Frage, die dritte: Arztbesuch und gleich am nächsten Tag die Sterbebegleitung. Wieso sollte er noch länger warten, er hatte sich doch Zeit genug genommen? Aber Tanner ist Tanner, ist lieber einmal zu vorsichtig, als dass er etwas überstürzte. Also verordnete er sich Besonnenheit. Einmal darüber schlafen. Und am nächsten Tag: noch einmal darüber schlafen. Dann rief Tanner bei »Dignitas« an. Und hatte klare Vorstellungen. Ganz still und leise wolle er die Sache hinter sich bringen, sagte er der freundlichen Frau am Telefon, bei keinem vorher nur das Geringste durchblicken lassen. Einfach weg sein, verschwunden für immer. Damit sich seine Freunde und Bekannten in Köln keine Sorgen machten. Nicht einmal Gerald, der Ex-Freund, solle etwas davon erfahren. Er wisse, wie belastend das für andere sei, niemanden wolle er deshalb mit hineinziehen. Seine Freunde hätten es ohnehin nicht leicht gehabt mit ihm in den vergangenen Monaten. Hätten sich rührend um ihn gekümmert, und er habe es ihnen gewiss nicht immer leicht gemacht. Gerade deshalb werde er jetzt ganz heimlich nach Zürich reisen, und dann, wenn es geschehen sei, könne die Sterbehilfeorganisation ja die Freunde benachrichtigen. Vor Weihnachten dürfe der Termin allerdings keineswegs sein, nicht auszudenken, wie den Freunden die Adventszeit und die Feiertage verdorben wären, wenn sie die Todesnachricht bekämen. Gerade bei Jürgen und Rolf sei höchste Rücksicht und Vorsicht angebracht, für die sei Weihnachten das allergrößte Fest des Jahres, sehr gläubige Christen, eine Krippe bauten die in ihrem Wohnzimmer jedes Jahr auf, ein paar Quadratmeter groß, die Figuren hätten sie eigens aus Neapel mitgebracht, und der riesige Christbaum jede Weihnachten … Tanner bat die Frau am »Dignitas«-Telefon, die seine Fernbetreuung übernommen hatte, um Entschuldigung für seinen Überschwang, er habe sich jetzt wohl in Details verloren. Aber das sei nun einmal wichtig, vor Weihnachten könne der Termin unmöglich stattfinden. Zwischen den Jahren? Ebenso undenkbar, dann wäre ja das Silvesterfest ruiniert, das die Freunde traditionell in großem Kreis begingen. Am 28. Januar wiederum hatte Rolf seinen 50. Geburtstag, und den wollte er mit einigem Getöse feiern, an die hundert Gäste waren eingeladen. Nein, vor dem 28. Januar war alles zu vermeiden, was die Freude trüben könnte.

»Das«, sagt Tanner später, und er sitzt jetzt wieder auf seinem Erzählplatz am Tisch im Wohnzimmer, und sein Besuch sitzt ihm gegenüber, »das ist eben meine Wesensart«. Dass er immer versuche, es den anderen recht zu machen, dass er sich nie nach vorne dränge, immer zuerst dafür sorge, dass es den anderen gut gehe und dann erst ihm selbst. »Du musst dich nicht immer für alles entschuldigen – tausend Mal habe ich diesen Satz schon gehört.« Aber damit keine Missverständnisse aufkommen, so ganz und gar sanft und lammfromm sei er nun auch nicht. Wenn er sich etwas in den Kopf gesetzt habe, dann sei er schwer aufzuhalten, das setze er durch, keine Macht auf Erden könne ihn davon abbringen. Da könne er hartnäckig sein ohne Ende, radikal.

Man könnte es auch stur nennen, Tanner.

»Nennen Sie es ruhig stur. Pingelig und stur. So bin ich eben.«

Am Telefon erklärte Tanner der Frau von »Dignitas«, dass ein Termin Anfang oder Mitte Februar wohl am günstigsten sei. Ob es da eine Möglichkeit gebe?

Ganz bestimmt, antwortete die freundliche Stimme, da komme zum Beispiel der 19. Februar in Frage, ein Dienstag, den könne man jetzt schon vormerken. Tags zuvor sei dann der obligatorische Arztbesuch zu absolvieren, sie wolle sich gleich erkundigen, ob einer der Ärzte, die mit ihnen zusammenarbeiteten, einen Termin frei habe. Das sei in aller Regel kein Problem. Sie habe aber ein anderes.

Was denn, um Himmels willen?

Tanner erschrak. Wollte »Dignitas« einen Rückzieher machen, das eben erteilte »grüne Licht« auslöschen, fehlte etwas in den Unterlagen, die er eingereicht hatte, oder war er etwa nicht krank genug? Parkinson, Aids, Krebs – war das zu wenig für »Dignitas«?

Das Problem, sagte die Frau am Telefon, ist die Heimlichkeit. Denn die verstoße gegen ein Prinzip von »Dignitas«. Dieses Prinzip bedeute nämlich, dass man das Sterben zurückholen wolle in die Gemeinschaft der Familie, der Freunde, der Bekannten. Die Menschen erlebten ihre letzten Stunden heute kaum je mehr zu Hause, sondern meist mehr oder weniger einsam in den Sterbezimmern der Krankenhäuser, in Alten- und Pflegeheimen. »Dignitas« schätze es deshalb sehr, wenn die Menschen mit Begleitung zu ihnen kämen. Damit es ein letztes Abschiednehmen gebe. Und dieser Abschied könne so lange dauern, wie er wolle. Man sei darauf eingerichtet. Mittlerweile brächten neun von zehn Mitgliedern Angehörige zum Sterben mit.

Die Frau am Telefon war noch nicht fertig. Auch von denen, die nicht mit in die Schweiz reisen könnten, solle sich Tanner verabschieden. Er möge sich den Schock vorstellen, den die Freunde erlitten, wenn sie unvorbereitet urplötzlich von seinem Tod erführen. Das könne er doch nicht zulassen, das könne nicht in seinem Sinn sein. Er möge noch einmal darüber nachdenken. Im Übrigen, sagte die Frau, sei sie jederzeit für ihn erreichbar.

Es blieb nicht das einzige Telefongespräch, das Tanner mit der Frau von »Dignitas« führte, immer wieder telefonierten sie in den folgenden Tagen miteinander, und Tanner änderte nach und nach seine Meinung. »Sie hat mich bekehrt«, sagt er, »wirklich, es wäre grauenhaft für die Freunde gewesen, wenn ich mich aus dem Leben – und von ihnen – fortgestohlen hätte.« Dass er das vorher gar nicht gesehen hatte! Und Tanner verstand bald auch, dass das mit der Heimlichkeit keineswegs eine Freundlichkeit den Freunden gegenüber gewesen war, sondern bloße Feigheit, Selbstschutz. Damit er sich nicht auseinandersetzen musste über seinen Entschluss, mit den Freunden nicht und auch nicht mit der Frage: Was tue ich denen an? Wie verkraften die das?

Tanner freute sich über seine Bekehrung. Weil er sich immer freute, wenn er etwas gelernt hatte. Das war sein Leben lang so gewesen. Obwohl er nun vor der bangen Frage stand, wie er seinen Entschluss den Freunden beibringen sollte, fühlte er eine Art von Befreiung. Von nun an war es nichts Geheimes mehr, was er plante, und hatte damit auch den

Ruch des Ungehörigen, des Zwielichtigen, Sündhaften, ja Kriminellen verloren. Ohnehin merkte er, dass sich sein Zustand insgesamt verbessert hatte, seitdem der Brief mit dem »grünen Licht« angekommen war. Er spürte das besonders in den Nächten, die zuvor kein Ende nehmen wollten, die ihn schlaflos im Bett verzweifeln ließen, die Schmerzen quälten ihn stärker als am Tag, die ängstlichen Gedanken kreiselten durch seinen Kopf, kein Entkommen hatten diese Nächte, nirgendwo fand Tanner einen Ausgang. Nicht einmal Rohypnol half, das schwere Schlafmittel, das auf seinem Nachtkästchen stand. Zwei Stunden, allerhöchstens, betäubte ihn die Tablette, kaum jemals mehr, dann war es schon wieder vorbei mit dem Schlaf, die Schmerzen kehrten wieder und die schweren Gedanken auch.

Seit dem Brief vom 4. Dezember war das anders geworden. Nicht dass die Nächte jetzt gute Nächte geworden wären und der Schlaf ein guter Schlaf, aber immerhin, es gelang ihm nun einzuschlafen, und für einige wenige Stunden blieb ihm der Schlaf auch treu. Irgendetwas hatte ihn ruhiger gemacht, gelassener.

Wie Tanner geht es offenbar vielen. Das Bewusstsein, mit dem »grünen Licht« von »Dignitas« einen Notausgang geöffnet zu haben, die Möglichkeit, das Leben zu beenden, sollten die Schmerzen unerträglich werden, führt oftmals zu einer psychischen Entlastung und einer Verbesserung des Krankheitszustands. Eine Studie einer Münchner Fachhochschule vom August 2005 kommt zu dem Ergebnis, dass 70,7 Prozent aller Personen, die das »grüne Licht« erhalten haben, sich nie wieder bei »Dignitas« melden. Nur in 13,3 Prozent der untersuchten Fälle wurde das Rezept für das tödliche Natrium-Pentobarbital ausgestellt.

So froh Tanner über den zurückgewonnenen Schlaf war, so beunruhigt war er über den Gedanken, die schlimme Wahrheit nun seinen Freunden mitteilen zu sollen. Aber es gab keine andere Wahl, die Frau am Telefon hatte ihn überzeugt.

Wem aber sollte er es gestehen? Der Freundeskreis war mit den Jahren recht groß geworden. Jürgen und Rolf mussten es auf jeden Fall erfahren, er kannte sie nun schon so lange, und sie hatten gerade im schrecklichen vergangenen Jahr immer an seiner Seite gestanden. Obwohl da ein Problem war, kein kleines, fand Tanner. Das Problem mit der Religion. Die beiden, fürchtete Tanner, könnten nie akzeptieren, was er vorhabe. Aber er fand, dass er es ihnen nicht ersparen könne.

Dann natürlich Gerald. Nach der ersten dramatischen Phase ihrer Trennung waren sie sich immer wieder einmal begegnet, und es schien ihnen beiden, dass sich die 15 Jahre ihrer Freundschaft keineswegs spurlos in Luft aufgelöst hatten. Nicht, dass sie die alten Zeiten wieder hätten auferstehen lassen, zumal Gerald vor kurzem Max kennengelernt hatte, der nun auch zu ihm in die Wohnung gezogen war. Aber das Verhältnis war doch besser geworden, als es sich Tanner je vorgestellt hatte, der Groll der Trennungszeit war Vergangenheit, mochte er auch manchmal noch aufflackern. Manchmal trafen sie sich zwei-, ja dreimal in der Woche, manchmal hörten sie zwei Wochen nichts voneinander. Es war keine Frage: Gerald musste informiert werden und Max, obwohl ihn Tanner noch nicht so gut kannte, gleich mit.

Bei den anderen Bekannten konnte die Mitteilung noch warten, fand Tanner. Weil sie ihm nicht ganz so nahe waren oder weil ihm der Gedanke daran einfach unerträglich war. Die drei Schwestern von der Pizzeria zum Beispiel, unmöglich, es ihnen zu erzählen. Zu ihnen hatte Tanner mit den Jahren ein ganz besonderes Verhältnis entwickelt. Er saß viele Abende in der Pizzeria, in der letzten Zeit seltener, es fehlten ihm Appetit und Kraft. Aber hie und da schaute er doch vorbei, weil er die italienische Lebensart ebenso schätzte wie die italienische Küche. Und von beidem boten die Pizzeria-Schwestern das Allerbeste. Manchmal riefen sie bei ihm zu Hause an, sie hätten gerade Risotto gekocht oder frische Gnocchi, ob er nicht schnell vorbeikommen wolle. Tanner kannte bald die ganze Familie und fand sich wie ein Bruder aufgenommen. Auch um seinen Gesundheitszustand kümmerte sich seine neue Familie mit Hingabe, besorgte gar eine Flasche speziell geweihten Wassers aus Sizilien, das helfe auch in hoffnungslosen Fällen. Es hat nichts genützt, aber Tanner war zu Tränen gerührt.

Den drei Schwestern jedenfalls würde er nichts von seinem Entschluss sagen, das zerbräche ihnen das Herz. Aber den vier anderen schon. Und zwar am besten allen zusammen. Tanner fürchtete diesen Augenblick.

Es war an einem Abend in der zweiten Dezemberwoche im Haus von Jürgen und Rolf, als Tanner allen Mut zusammennahm und den Freunden seinen Entschluss mitteilte. Zu fünft saßen sie da, und er erinnert sich nicht mehr, welche Worte er für das Schreckliche gefunden hatte, er erinnert sich ohnehin kaum mehr daran, was sie gesprochen hatten. Es gibt Dinge, die merkt man sich nicht.

Die anderen erinnern sich umso besser. Jürgen und Rolf zum Beispiel. Es ist wenige Tage nach Tanners Geständnis. Sie sitzen jetzt dem Besucher gegenüber in jenem Wohnzimmer, in dem ihnen Tanner vor ein paar Tagen seine Entscheidung eröffnet hatte, in dem Wohnzimmer, in dem an Weihnachten die große Krippe und der große Baum stehen, und sind immer noch fassungslos. »Es war ein Schock«, sagt Rolf. »Warte doch noch, haben wir zu ihm gesagt«, erzählt Jürgen, »warte noch, und wenn es so weit ist und du das noch immer willst, dann bringen wir dich in die Schweiz. Ganz einfach mit dem Wohnmobil. Warte noch, man hängt doch an jedem Tag.«

»Nein«, habe Tanner gesagt, »nicht an einem Tag und nicht am Leben.« Und dann habe er hinzugefügt, seine Entscheidung sei endgültig, man möge nicht versuchen, ihn davon abzubringen. Da würde er sehr schnell ungehalten werden.

Sie versuchten es trotzdem, aber Tanner blieb unerreichbar.

»Was er will, das zieht er durch, das war schon immer so«, sagt Jürgen.

»Daran war nicht zu rütteln«, sagt Rolf.

Nach und nach wuchs jedoch das Verständnis für den Freund. »Wir haben ja gesehen, wie er immer wieder im Krankenhaus war, wie er immer wieder neue Medikamente ausprobiert hat und wie hundsmiserabel es ihm ging, weil nichts geholfen hat.« Und selbst der tiefgläubige Jürgen fand, dass es Situationen gebe, in denen das Mitleid mehr zählen müsse als alle frommen Grundsätze. »Ich habe nach dem ersten Schock meine Meinung überdacht. Und ich glaube, wenn die Schmerzen so groß sind, dass sie sogar durch Morphium kaum mehr zu lindern sind, dann ist das kein Leben mehr. Wobei ich allerdings immer noch nicht so recht verstehe, warum das jetzt schon sein muss.«

Ein Tag später. Ein Besuch bei Gerald. Auch er erzählt von jenem Abend. »Für mich«, sagt er, »ist das ein bisschen anders gewesen, nicht ganz so schockierend, denn ich habe das immer geahnt.« All die letzten Jahre ihrer Freundschaft sei Tanner immer wieder auf das Thema Sterbehilfe gekommen, habe davon geredet, er werde den Weg in die Schweiz gehen, wenn es ihm einmal übel gehe. Darum sei Tanner ja schon 2002 Mitglied bei »Dignitas« geworden, als es noch bei weitem nicht so schlecht um ihn stand. Besser früher als zu spät, habe er gesagt, und dann habe er, Gerald, immer die Vereinsbroschüren in der Post gesehen. »Ich war auf das Schlimmste vorbereitet.« Überrascht habe allerdings auch ihn diese plötzliche Eile. Noch vor kurzem hätten sie überlegt, ob sie nicht alle zusammen im kommenden Sommer nach Italien reisen sollten, noch einmal auf den Zeltplatz südlich von Neapel, wo sie so oft gewesen waren. Er werde das mit seiner Krankheit schon irgendwie schaffen, habe Tanner gesagt. Und gerade kürzlich erst habe er sich neue Blumenkübel für seine Terrasse liefern lassen und angefangen über die Bepflanzung im Frühjahr zu reden. Und nun auf einmal dieser Entschluss.

Es war wieder ein paar Tage später, als die Frau von »Dignitas« bei Tanner anrief. Das mit dem 19. Februar gehe in Ordnung. Er habe dann am 18. das Arztgespräch, um 19 Uhr. Und sie nannte die Adresse des Arztes.

Tanner hat von diesem Moment an immer wieder den gleichen Traum gehabt. Dass er im Krankenhaus saß, vor einem großen Tisch, und dahinter war ein Arzt. Der Arzt habe ihm eine Tablettenpackung gereicht und gesagt: Nehmen Sie die! Und im nächsten Traum war es ein anderer Arzt und eine andere Tablettenpackung, und dann wieder ein anderer Arzt und wieder eine andere Packung. Gleich aber sei geblieben, was die Ärzte sagten: Nehmen Sie die! Immer wieder neue Medikamente, immer wieder der Befehl, sie auszuprobieren. Die Träume hätten gar nicht mehr aufhören wollen.

»Eigenartig«, sagt Tanner in seinem Wohnzimmer, »als wären das die Stimmen der Freunde, die mir Vorhaltungen machten: Das ist noch zu früh! Versuch noch etwas anderes! Du sollst noch warten!«

Vielleicht, Tanner, ist es auch eine innere Stimme.

»Natürlich«, sagt er, »frage ich mich andauernd, ob das alles richtig ist. Ob ich nicht noch drei oder vier Monate länger warten sollte. Aber dann spüre ich die Schmerzen, und ich weiß, dass ich alles richtig gemacht habe.«

Und die Urlaubspläne für den nächsten Sommer?

Was für ein Unfug, sagt Tanner, das habe er nie ernst gemeint. Er habe nur darüber geredet, um die Freunde zu beruhigen, sie über das Ausmaß seiner Krankheit zu täuschen. Nein, nein, der 19. Februar sei schon in Ordnung. Keine Woche später.

Im Gegenteil, Tanner ertappte sich jetzt immer öfter bei der Furcht, der Termin könne zu spät sein, bis dahin seien es ja noch fast zwei Monate. Da könne noch so viel geschehen, ein Schlaganfall, ein Herzinfarkt, eine neue Krebswucherung, gerade bei ihm und seinen Krankheitsanhäufungen sei bekanntlich jederzeit alles möglich. Tanner wird ganz unruhig, wenn er darüber spricht, es quält ihn etwas zwischen Angst und Ungeduld. »Verstehen Sie, mir darf jetzt nichts mehr passieren. Sonst geht das mit der Schweiz nicht mehr. Man muss da ja mit klarem Verstand ankommen, zurechnungsfähig, imstande, das tödliche Medikament selbständig zu nehmen.« Nein, er wolle nichts riskieren. Der 19. Februar – das sei das Äußerste, was er in Kauf nehmen könne.

Ulrich Tanner, der penible Organisator. So ist es schon immer gewesen. Nichts dem Zufall überlassen, alles unter Kontrolle haben – und vor allem sich selbst. Im Beruf war es genauso, bei der Modellbaufirma. Delegieren, das war Tanners Stärke nie, alles musste er immer selber machen und hat dafür oft 16 Stunden am Tag gearbeitet. Einmal waren es 36 Stunden am Stück, es war sein Arbeitsrekord. Mit seinem Eifer hat er es weit gebracht: Anstellung in einem großen Unternehmen, alsbald rechte Hand des Chefs, in ein paar Jahren sollte er übernehmen. Es kam nicht dazu, es kam Gerald, und das Leben spielte auf einmal in Köln.

»Ich habe später immer wieder überlegt, ob es wirklich richtig war, diesen großen Schritt zu tun und das Land zu verlassen. Aber ich glaube, ich habe es richtig gemacht«, sagt Tanner, »ich würde es heute genauso machen.« Auch wenn dann diese Sache mit den Eltern kam.

Die Sache mit den Eltern ist auch heute noch nicht ausgestanden. Sie spukt durch die Träume. Wenn die Ärzte mit ihren Tablettenschachteln einmal Pause haben in den Träumen, dann sind die Eltern dran. Es sind Traumbilder, die Tanner quälen. Sterbeszenen, immer wieder kommen sie, haben sich in seine Nächte eingenistet. »Es ist unfassbar«, sagt er, »sie verfolgen mich immer noch.« Und man weiß nicht, ob er die Träume meint oder seine Eltern.

Es ist ein dicker Brocken, der da auf Ulrich Tanner lastet, immer gelastet hat, er arbeitet sich noch heute daran ab. Was für ein Elternhaus! Zürcher Bürgertum, wohlhabend, ja vermögend, der Vater Unternehmer, ein patriarchalischer Vater, nein, sagt Tanner, »ein Tyrann, ein schwarzer Dämon«. Unnahbar, streng, lieblos; Schläge gehörten zur Erziehung. Wenn der Vater abends von der Arbeit nach Hause kam, hatte das Kind von der Bildfläche verschwunden zu sein, er wollte es nicht sehen. Im Kinderzimmer stand ein Esstisch, da musste der Sohn zusammen mit dem Kindermädchen die Mahlzeiten einnehmen, nicht mit Vater und Mutter. Als er ein Musikinstrument erlernen wollte, sagte der Vater Nein. Als er in der ersten Klasse mit Jähzorn und Aggressionen in der Schule auffiel und ein Arzt eine Maltherapie empfahl, sagte der Vater Nein. »Er war ein Feuer speiender Drache«, sagt Tanner, seine Kindheit sei ein Schrecken gewesen.

Wahrscheinlich auch deshalb, weil der Sohn nach und nach bemerkte, dass der Vater der Mutter gegenüber kaum freundlicher war, hart, herrisch, ohne Liebe. Und diese Mutter war sein Ein und Alles. Das Gegenbild des Vaters, die Schutzgöttin in diesem Drachenhaus, die ihren Sohn liebte und behütete, eine Verheißung von Zärtlichkeit in dieser unzärtlichen Familie, Wärme, wo Kälte war. Manchmal kommt Tanner ins Schwärmen.

Einmal war er im Ferienlager, acht Jahre alt, da sagte ein Junge zu ihm: »Alle kennen deine Schwester, bloß du nicht.« Tanner glaubte, sich verhört zu haben. Schwester? Er verstand nichts und lief fort in den Wald, wollte niemanden sehen und niemanden sprechen. Er blieb lange verschwunden, sie mussten ihn suchen gehen.

Nach der Rückkehr aus den Ferien fragte er seine Mutter. Ihr gefiel die Frage nicht. Doch dann nahm sie ihren Sohn bei der Hand, und sie fuhren mit der Straßenbahn in ein

Stadtviertel von Zürich, in dem Tanner noch nie gewesen war. Die Mutter ging in eine Bäckerei, und hinter der Theke stand eine 28-jährige Verkäuferin. So lernte Tanner seine Schwester kennen.

Es wurde keine Geschwisterliebe daraus. Die Schwester konnte mit dem zwanzig Jahre jüngeren Bruder wenig anfangen und wollte es offenbar auch nicht. Es blieb bei wenigen, sehr kurzen Treffen, und später kamen Geburtstags- und Weihnachtskarten mit dem Stempel »Empfänger unbekannt« zurück. Im Jahr 1986 rief die Polizei in Tanners Elternhaus an. In einer Zürcher Einzimmerwohnung sei eine Frau gefunden worden. Offenbar schon einige Tage tot. Das Zimmer war über und über bedeckt mit Müll, auf dem Boden krabbelten Käfer.

Lange vor dem Tod der Schwester hatte Tanner die Eltern immer wieder gefragt: Was ist mit ihr? Warum will sie uns nicht sehen? Er bekam keine Antwort. Die Schwester war ein Rätsel, ein Geheimnis. Seine Mutter war ein Mädchen von 14 Jahren gewesen, als sie dieses Kind bekam. Welches Familiendrama verbarg sich da? Tanner wusste es nicht, hat es nie erfahren. Die Schwester war etwas Unheimliches, ein dunkler Fleck, und er steigerte die Bedrohung, die er in dieser Familie empfand.

So wurde Ulrich Tanner ein Träumer. Von der Schule nach Hause, für einen Weg von zwanzig Minuten, brauchte er oft an die zwei Stunden, sah da etwas und dort, blieb stehen, verlief sich hier, verirrte sich da. Er hing seinen Gedanken nach, verlor sich darin. Manchmal lief er hinaus vor die Stadt, wo der Wald begann, streunte darin herum, stundenlang. Es war schön, nicht zu Hause zu sein.

Vielleicht war es gerade dieses Gefühl, diese Unbehaustheit, die es Tanner leichter machte, 1991 alles stehen und liegen zu lassen und nach Köln zu gehen. Bald aber merkte er: So leicht war das Verlassen eben doch nicht, dieses Familienpaket schleppte er weiter mit sich, und er hatte das Gefühl, es wiege nicht nach Zentnern, sondern nach Tonnen. Tanner spürte eine Art Verantwortung in sich, eine Zuständigkeit. Jedes vierte Wochenende fuhr er deshalb von Köln nach Zürich. Er tat es jahrelang, exakt jedes vierte Wochenende. Tanner liebte die Regelmäßigkeit, er brauchte sie. Doch dann wurden die Fahrten häufiger.

1997 erkrankte der Vater, schon über achtzig war er da, Prostatakrebs zuerst, bald darauf schwere Demenz, er musste ins Pflegeheim. Und die Mutter beschwor ihren Sohn: Wenn es bei ihr einmal so weit sein sollte, sie war sieben Jahre jünger als ihr Mann, dann wolle sie lieber sterben. Es gebe in der Schweiz doch diese Sterbehilfeorganisationen. Er solle sich, bitte, schleunigst darum kümmern. Niemals wolle sie ins Heim, niemals ein Pflegefall sein. Tanner möge ihr das versprechen. Ja, sagte er, und konnte es nicht versprechen.

Im Jahr darauf wurde die Mutter krank, Angina Pectoris, ein Herzschrittmacher sollte Besserung bringen, aber alsbald zeigten sich auch bei ihr erste Anzeichen einer Demenzerkrankung. Tanner reiste jetzt oft nach Zürich, das Befinden der Mutter wurde schlechter, und er entschloss sich, die elterliche Wohnung umzubauen, in der Hoffnung, die Mutter könne, unterstützt von einer Pflegekraft, dort bleiben und so das Heim vermeiden. Er kam nicht dazu, die Ereignisse überschlugen sich. Die Demenzerkrankung schritt so rasant vorwärts, dass die Mutter keinen Augenblick mehr allein gelassen werden konnte.

Tanner musste sich zum Äußersten entschließen, er musste sein Versprechen der Mutter gegenüber brechen. Er fand einen Platz im Heim des Vaters. Die Eltern erkannten sich nicht mehr.

Tanner pendelte zwischen Köln und Zürich, zwischen der Liebe und der Pflicht, alle paar Tage hin und wieder her. Drei Wochen erst war die Mutter im Pflegeheim, da kam an einem Samstagmorgen um acht Uhr, Tanner wollte gerade wieder ins Auto zur Fahrt in die Schweiz steigen, ein Anruf: Selbstmordversuch, hieß es, die Mutter liege im Koma. Mit Tabletten, Alkohol und Schnitten in die Pulsadern hatte sie versucht, ihrer Existenz als Pflegefall ein Ende zu machen. Tanner setzte sich ins Auto und fuhr so schnell nach Zürich wie noch nie.

Lasst sie da, bringt sie nicht ins Krankenhaus, bettelte er im Pflegeheim, und er wurde erhört. Vier Tage lag die Mutter im Koma, dann wachte sie für einen Moment noch einmal auf und bat darum, einschlafen zu dürfen. Ein Arzt gab ihr eine Spritze. Tanner saß am Bett und hörte dem Atem der Mutter zu. Manchmal setzte er aus, dann kam er wieder. Er saß bis sieben Uhr morgens. Der geschwächte Körper hatte sich seinen Weg gesucht. »Da habe ich begriffen, dass der Tod eine Erlösung sein kann«, sagt Tanner.

Aber er war nicht getröstet davon. Der Tod nagte an ihm, fraß an ihm, wollte keine Ruhe geben. Sie hat mich allein gelassen, dachte er, so dachte er noch viele Jahre später, und eigentlich denkt er noch heute so. »Sie hat doch gewusst, dass ich zu Besuch kommen würde. Sie hat sogar in den Fernsehzeitschriften, die ich in ihrem Zimmer fand, die Tage, für die ich mein Kommen angekündigt hatte, mit Kuli ausgestrichen: Fernsehen unnötig, der Ulrich kommt. Warum hat sie nicht auf mich gewartet? Warum ist sie ohne mich gegangen?«

Sind das Selbstvorwürfe, Tanner? Weil Sie nicht da waren? Weil Sie in Köln waren, weil Sie zu spät gekommen sind, als sie versuchte, sich das Leben zu nehmen?

Tanner sagt: »Wenn ich daran denke, dann würgt es mich.«

Tanner, Sie können nichts dafür!

Tanner schweigt.

Drei Monate später, im Februar 2000, starb der Vater. An Altersschwäche, wie man sagt. Und allein.

Die Mutter, der Vater. Es war die Zeit, die Tanners Leben änderte. Gerald, sein ehemaliger Freund, hat das alles miterlebt, hat ihn auf den Fahrten in die Schweiz oft begleitet. Aber als er zur Beerdigung der Mutter anreisen wollte, da erklärte ihm Tanner plötzlich, er könne jetzt niemanden gebrauchen, er wolle allein sein. »Mich hat das damals sehr getroffen«, erzählt Gerald, »ich kannte seine Mutter ja gut. Aber auf diese Weise habe ich gemerkt, wie fürchterlich dieser Tod für ihn gewesen sein muss.« Tanner zog sich zurück, schloss sich ab, verbarg seine Gefühle vor anderen.

Der Tod war eine Zäsur. »Eigentlich war er früher ein Lebemann«, sagt Gerald, »wo eine Party war, da war er dabei, und wenn es etwas zu trinken gab, dann hat er nicht Nein gesagt.« Und jetzt auf einmal dieser neue, dieser andere Tanner. Am schlimmsten sei die Veränderung im Gesicht seines Freundes gewesen. Er habe kaum mehr gelacht.

Nahe am Wasser

Tanner zählt die Tage
und feiert zum letzten Mal Weihnachten

Noch sechzig Tage. Das habe er gerade ausgerechnet, sagt Tanner. Noch genau sechzig Tage bis zum 19. Februar.

Er tut sich heute schwerer mit dem Gehen als bisher, er kommt nur unsicher voran, die Hände zittern stark. Er hat Schmerzen, man kann es an seinem Gesicht sehen. Die Schmerzen haben sich eingegraben in seine Mundwinkel. Es sind jetzt besonders die Schmerzen im Bauch. Stiche, Nadelstiche, Messerstiche, unablässig. Es fängt schon wieder so an wie im Sommer 2006, damals vor den schrecklichen drei Operationen.

Sechzig Tage. Nur noch sechzig Tage Lebenszeit.

Die Uhr auf dem Sideboard schlägt. Sie schlägt ihren Dreißig-Minuten-Rhythmus.

Sechzig Tage sind 86 400 Minuten. Nachdem die Uhr geschlagen hat, sind es noch 86 370 Minuten.

Tanner sitzt sehr aufrecht an seinem Wohnzimmertisch, kerzengerade, man sieht, wie ihn die Haltung anstrengt. Aber es ist für ihn die einzig mögliche. Er reißt sich zusammen, konzentriert sich auf das Gespräch, kontrolliert sich. Anders kann er es nicht, hat es nie gelernt. Sich gehen zu lassen kommt nicht in Frage, auch nicht bei starken Schmerzen. Ulrich Tanner lässt sich nicht gehen. Und gegen die Schmerzen gibt es ja die Medikamente.

»Mit dem Valoron muss ich aufpassen«, sagt er. Wenn er zu viel davon nimmt, dann löst es Allergien aus, dann juckt der ganze Körper. Und vom Morphium kann man ohnehin nicht einfach ein bisschen mehr nehmen. Das muss man ganz genau dosieren. Sonst wird's gefährlich, da könnte etwas passieren. Und das wäre ein Albtraum: noch einmal ins Krankenhaus, ein Strich durch die Schweiz-Pläne. Eine Katastrophe, sagt er.

Deshalb ist Tanner vorsichtig mit dem Morphium. Er trägt lieber Schmerzen, als dass er davon zu viel nähme. Außerdem muss er ja noch Auto fahren.

Mit Morphium im Blut?

Alles eine Sache der Übung. Tanner lacht ein bisschen. Man müsse es natürlich klug machen. Nicht gerade dann ans Steuer, wenn die Morphium-Wirkung auf ihrem Höhepunkt ist. Aber wenn sie nachlässt, dann geht das schon, findet er. Am Anfang sei das seltsam gewesen, aber dann habe er sich daran gewöhnt.

Tanner öffnet die Tür, die von der Fensterfront des Wohnzimmers hinaus auf den großen Balkon führt. Er zeigt hinunter auf die Straße vor dem Haus. Ein bulliger, schwarzer Range Rover ist da geparkt. Vor ein paar Monaten erst hat er ihn sich gekauft. Nur so zum Spaß, zum Spaß für die letzte Zeit. Tanner mag Autos. Früher hatte er schon einmal einen Range Rover, damals war er blau.

Ohne Auto ginge es gar nicht. Tanner braucht es zum Einkaufen. Zehn Minuten zu Fuß sind es bis zum nächsten Supermarkt. »Schaffe ich nicht mehr«, sagt er. Also nimmt er das Auto. Aber was muss er schon einkaufen? Die paar Joghurts, die er isst. Vielleicht mal ein Stück Kuchen, Mineralwasser. Er kauft die Flaschen einzeln. Einen Kasten könnte er nicht tragen. Mehr braucht er nicht. Außer hie und da einen Schluck Sekt. »Haben Sie Lust?«, fragt Tanner, er öffnet den Kühlschrank, nimmt die Flasche, bringt zwei Sektgläser. Beim Einschenken lässt er sich helfen. Das Zittern ist unvermindert stark. »Zum Wohl«, sagt er, »auf ein langes Leben.« Und er lacht dabei ein dünnes, schräges Lachen, bei dem man nicht weiß, ob es seinem makaberen Scherz gilt oder ob er sich ein bisschen lustig macht über seinen Besucher, den solche Späße schaudern machen. Die Uhr schlägt.

»Es muss merkwürdig sein für Sie, mit einem zu reden, der in sechzig Tagen tot ist«, sagt Tanner. »Wie ertragen Sie das eigentlich?«

Was für eine Frage! Sie sind es doch, der dem Tod entgegengeht, der in ein paar Wochen tot sein wird. Unerträglich muss das alles doch für Sie sein.

»Ist es nicht«, sagt Tanner, »ich bereite mich doch seit Jahren darauf vor, setze mich damit auseinander, seit Monaten ist mein Kopf davon voll. Ich denke an fast gar nichts anderes mehr. Aber für Sie ist das doch alles völlig neu.«

Es ist wohl wieder die Tanner-Art. Immer nachsehen, wie es dem anderen geht, immer acht geben, immer fürsorglich. Bloß niemandem etwas zumuten.

»Ich friere«, sagt er und dreht die Heizung höher.

Er trinkt noch einen Schluck Sekt, Mumm trocken, und erzählt davon, wie die Zeit vergeht. Langsam vergeht sie, kläglich langsam, die Tage sind ohne Abwechslung. Das Leben ist zäh, wie es noch nie war. Wie ein Stück Leder fühlt es sich an, dieses Leben, sagt Tanner. Steif, hart, gefühllos, empfindungslos. Wahrscheinlich weil es keine Zukunft hat, keine Perspektive. Es gibt nichts, worauf man warten könnte, worauf man sich freuen könnte. Und die Gedanken können nur in eine Richtung denken, immer nur zurück, nie nach vorne. Weil es vorne nicht mehr gibt.

Ein paar Organisationssachen hat Tanner noch zu erledigen, aber ansonsten wartet nichts auf ihn. Und niemand. »Neunzig Prozent der Zeit bin ich allein.« Natürlich gebe es Anrufe von den Freunden, ob er nicht vorbeikommen wolle. Aber, offen gestanden, er habe nur noch selten Lust dazu. Immer die gleichen Gespräche, ob er den Sterbetermin nicht doch noch hinausschieben wolle, er sehe noch so gut aus, die Krankheiten könnten gar nicht so weit fortgeschritten sein, warte doch noch, Ulrich, nimm dir Zeit.

»Nimm dir Zeit und nicht das Leben.« Tanner lacht auf, es klingt spitz, wie ein kleiner, unterdrückter Schrei. Dann trinkt er einen entschiedenen Schluck Sekt.

Tanners Tage sind lange Tage, es gibt kaum etwas, was sie strukturieren könnte. Sie fließen dahin, und oft fließen auch die Tage in die Nächte und die Nächte in die Tage, ohne dass diesem Fluss jemand Einhalt geböte. Höchstens die Schmerzen. Dass die ihn wecken und der Nacht ein Ende machen. Das kommt oft vor. Aber noch öfter ist es so, dass Tanner aufwacht und wieder einschläft und wieder aufwacht und wieder einschläft. Irgendwann steht er dann auf, es kann schon Mittag sein, und er weiß nicht, warum er aufsteht. Aus Gewohnheit. Weil man das eben so macht. Weil es sich gehört. Tanner rasiert sich auch jeden Tag. Weil es sich so gehört. Nur in einem ist er nachlässig geworden. Manchmal lässt er einfach seinen Schlafanzug an, warum sollte er sich auch richtige Kleidung anziehen? Aber bitte, Tanner muss jetzt etwas richtig stellen, das sei die Ausnahme, die große Ausnahme. Das sei jetzt wirklich nur ein paar Mal vorgekommen.

Nach dem Aufstehen legt sich Tanner wieder hin. Im Liegen sind die Schmerzen noch am besten zu ertragen. Er legt sich dann aufs graue Sofa im Wohnzimmer und schaltet den Fernseher an. Aber er schaut gar nicht richtig hin, hie und da zappt er sich durch die Programme, aber er findet selten etwas, bei dem er länger hängen bleibt. Politik hat ihn noch nie besonders interessiert und jetzt erst recht nicht, Sport noch weniger. Es ist mehr ein Berieseln, ein Flimmern und Rauschen, das vom Fernseher kommt. Manchmal ärgert ihn das. Manchmal beruhigt es ihn.

Draußen ist es dunkel geworden. Im Wohnzimmer auch. Tanner hat nur eine kleine Lampe angemacht. »Es stört Sie doch nicht, wenn es dunkel ist.« Sein Gesicht zeigt jetzt Spuren von Erschöpfung. Er hat lange geredet, es hat ihn mitgenommen. In drei Tagen ist Weihnachten.

Noch 52 Tage.

Tanner ist erstaunlich gefasst. Und scheint mit sich heute im Reinen zu sein. Er wirkt entspannt, beinahe zufrieden. Vielleicht liegt das daran, dass diese Träume aufgehört haben, die Träume, die ihm keine Ruhe ließen, die unablässig um diesen 19. Februar kreisten: War es die richtige Entscheidung? War sie nicht voreilig? Ist es nicht viel zu früh? Die Träume sind verschwunden, und Tanner ist sich seiner Sache sicher.

Sicherer denn je. Die Schmerzen im Bauch haben noch einmal zugenommen.

Vielleicht ist Tanners Gelassenheit auch damit zu erklären, dass er gerade etwas hinter sich gebracht hat, das ihn lange Zeit beunruhigt hatte. Die Weihnachtstage.

Wie verbringt man sein letztes Weihnachtsfest?

»Allein«, sagt Tanner, »ich wollte unbedingt allein sein.«

Weshalb er alle Einladungen ausgeschlagen hat. Jürgen und Rolf wollten ihn unter ihrem Christbaum haben, Gerald, der Ex-Freund, hatte nach ihm gefragt, ein befreundetes Kölner Ehepaar auch und die Schwestern von der Pizzeria sowieso. Tanner hat sie alle abgewiesen. Man möge es ihm nicht verargen, aber er müsse ganz allein mit seinen Gedanken sein.

Es waren dann, an Heiligabend, hauptsächlich Gedanken, die mit den Eltern zu tun hatten. Und je länger er diesen Gedanken nachhing, umso mehr tauchten in diesen Erinnerungen Stücke aus der Kindheit auf, die ganz anders zu sein schienen als jene garstige Kindheit, die Tanner in den Gliedern steckt. Er erinnerte sich an den Nachmittag des 24. Dezember damals zu Hause in Zürich, Tanner hatte schon die ganze Zeit am Fenster gestanden und hinaus auf die Straße gesehen, als endlich das Auto vorfuhr mit dem Onkel Erich darin. Der Onkel brachte die Weihnachtsgans wie jedes Jahr, dann nahm er den kleinen Ulrich an die Hand, und die beiden brachen auf zu einem langen Spaziergang. So hatte die Mutter Zeit und Ruhe, den Baum zu schmücken und alles für die Bescherung vorzubereiten. Dem Vater war's ein Gräuel, jedes Jahr aufs Neue, er hatte nur Verachtung für Weihnachtsbaum und Weihnachtsschmuck und Weihnachtslieder, aber er brummte lediglich und fügte sich drein, um des lieben Friedens willen und ausnahmsweise seiner Frau zuliebe. Die wartete derweil schon, dass die Spaziergänger zurückkehrten von ihrer Wanderung durch den Schnee, »damals gab es kein Weihnachten ohne Schnee«, sagt Tanner, und wenn sich Onkel und Neffe dem Haus näherten, dann läutete die Mutter mit einer kleinen Glocke aus dem Fenster. Und der Onkel sagte, hörst du, Ulrich, das Christkind ist schon da gewesen, wir müssen uns beeilen.

Tanner hatte immer diese Bilder vor Augen, diese Erinnerungsbilder, an Heiligabend in seinem Kölner Wohnzimmer, am letzten Heiligabend seines Lebens. Und es ist ihm inmitten dieser Bilder nicht bang ums Herz geworden, sondern wohl, es war ein besänftigendes und zugleich überraschendes Gefühl, Tanner hätte nie gedacht, dass die Kindheit auf einmal so zutraulich sein konnte. Und er spürte in diesen Augenblicken auch keinen Groll gegen den Vater wie sonst.

Er saß auf der grauen Couch, ganz eingesponnen in seine Erinnerungen, schaltete später das Fernsehen an und gleich wieder aus, wollte sich nicht aus seiner Stimmung reißen lassen, und seine Gedanken waren wieder bei den Eltern. Er dachte daran, wie sie gestorben waren, besonders an den dramatischen Tod der Mutter und auch an die lange Zeit davor, als er so oft zwischen Köln und Zürich gependelt war. Wie anstrengend diese Zeit gewesen war, aber auch wie erfüllend, dachte Tanner, selten, dass er im Leben das Gefühl gehabt hatte, so etwas Sinnvolles zu tun. Aber bald fand er sich wieder in den Gedanken an den Tod, und es schien ihm, als habe das Sterben der Mutter in sein Leben auf eine entschiedene und doch rätselhafte Weise eingegriffen, ihm ein Zeichen aufgedrückt, das an ihm haftete, unauslöschlich, viele Jahre schon.

Und Tanner fragte sich an diesem einsamen Weihnachtsabend, ob nicht doch etwas dran sein könnte an der Vorstellung von einem Leben nach dem Tod, ob es etwa möglich wäre, dass er Vater und Mutter nach jenem 19. Februar wiedersehen würde. Es war nicht das erste Mal, dass dieser Gedanke in ihm auftauchte, aber zumeist hatte er ihn schnell und kräftig verscheucht und meist sogar verlacht. Er war nie ein religiöser Mensch gewesen. Aber mittlerweile kehrte die diffuse Vorstellung immer wieder, es könne etwas geben nach dem Sterben. Tanner fand die Vorstellung verführerisch, und an diesem Abend vertrieb er sie nicht, sondern gewährte ihr Zugang, und es war wiederum ein wohliges Gefühl. Der Tod schien ihm jetzt wie eine doppelte Verheißung: die Befreiung von den Schmerzen und die Rückkehr zu den Eltern.

Die Weihnachtsgedanken erwiesen sich in den folgenden Tagen als verblüffend dauerhaft. Immer wieder gingen sie Tanner durch den Kopf, er gab sich ihnen hin, auch weil er spürte, wie sie eine Ruhe in ihm stifteten, die er sonst nicht hatte.

Zugleich galt es in diesen Tagen nach Weihnachten allerdings, sich mit vergleichsweise banalen Angelegenheiten zu beschäftigen. »Dignitas« hatte angerufen. Es fehlten noch einige Unterlagen, Papiere für das Sterberegister in der Schweiz und für die Überführung der Urne, auch die Erklärung, an wen die Sterbeurkunde zu schicken sei, lasse noch auf sich warten. Und schließlich sei da noch die Summe von 9700 Schweizer Franken zu begleichen, gut 6000 Euro. Viel Geld, fand Tanner, sehr viel Geld. Aber er hatte von den »Dignitas«-Dienstleistungen die teuerste gewählt, bei der die Kosten für die Einäscherung, für den Verkehr mit den Behörden und die Übersendung der Urne enthalten waren. Tanner überwies das Geld, besorgte die fehlenden Papiere, füllte Formulare aus, damit alles geregelt sei, und machte sich schließlich daran, noch etwas viel Schwierigeres zu regeln. Er entwarf seine Todesanzeige. Er tat das gleich nach dem Weihnachtsfest, nutzte die Phase seiner relativen Stabilität.

Warum haben Sie sich das angetan, Tanner, warum machen das nicht die Freunde, später, nach dem 19. Februar? Die Todesanzeige selbst entwerfen – geht das nicht zu weit, ist das nicht zu viel des Makabren?

Ja, antwortete er, makaber sei das natürlich, er komme sich dieser Tage ohnehin oft so vor, als bestehe er aus zwei Personen. Eine agiert und organisiert, und die andere steht daneben, staunend, was die erste so alles treibt. Manchmal komme es ihm so vor, als hätten die beiden Personen gar nichts miteinander zu tun, ja, als seien sie gar nicht miteinander bekannt. Eine merkwürdige Schizophrenie, so etwas habe er noch nie erlebt.

»Aber es hilft nichts«, sagte Tanner, »es muss ja geregelt werden.«

Weil Ordnung sein muss?

»Weil Ordnung sein muss. Und weil ich den Freunden Arbeit abnehme, eine unangenehme Arbeit. Wahrscheinlich wäre es furchtbar für sie, den Text für die Anzeige nach meinem Tod zu entwerfen, die säßen dann zusammen und wüssten nicht, was sie schreiben sollten.«

Also schrieb Tanner: »Wir haben die schmerzliche Pflicht, Ihnen mitzuteilen, dass unser Freund Ulrich Tanner, März 1956 – Februar 2008, nach langer Krankheit in Frieden einschlafen konnte. Seinem Wunsch entsprechend findet die Urnenbeisetzung in aller Stille statt.« Am Ende schrieb Tanner »im Namen der Freunde« und setzte den seines Ex-Freunds Gerald darunter.

Er ließ den Text auf cremefarbenes, repräsentatives Büt-

tenpapier drucken, eine große Doppelkarte von 21 auf 18
Zentimetern mit einem feinen grauen Rand, kein Schwarz.
Er wählte für den Druck eine zarte, klare Schrift aus, nur
Großbuchstaben. Ein entschiedenes Design, fand Tanner,
darf auch vor den letzten Dingen nicht haltmachen. Dann
schrieb er die Adressen der Empfänger auf die Kuverts und
frankierte sie. Es war der 28. Dezember, als Ulrich Tanner
die Mitteilung seines Todes vollendet hatte. Es war alles
vorbereitet.

»Nur eins fehlt noch«, sagt er. Das wolle er aber noch
nicht verraten. Es sei etwas Besonderes. Beim nächsten Besuch aber, da werde er davon berichten. Ganz gewiss.

Noch 37 Tage.

Tanner sieht schlecht aus. Der Mund ist noch trauriger
geworden, die Augen sind klein.

»Ich habe heute nahe am Wasser gebaut«, sagt er. Der Besucher möge entschuldigen, falls er die Beherrschung verliere.

Macht doch nichts, Tanner. In Ihrer Lage.

»Nein«, sagt Tanner, »ich verliere die Beherrschung
äußerst ungern. Das wissen Sie doch. Kontrolle ist mein
ganzes Leben.«

Das Leben ja, Tanner, aber nicht das Sterben.

Die Schmerzen im Bauch sind stark, aber heute sind sie
auch noch im Kopf, ein leichtes Fieber ist dazugekommen.
Kein guter Tag heute. Tanner sagt in seiner Sprache, die das
Schweizerische fast ganz verloren hat und nur hie und da
die Reste seiner Herkunft verrät: »Allmählich geht's mir ans
Lebendige.« Auch Geräusche verträgt er zurzeit schlecht. Er
hat heute die Uhr abgestellt, das Erbstück der Großeltern,

viel zu laut für ihn. Vielleicht ist ihm aber auch das halbstündige Schlagen ein allzu unüberhörbarer Verweis auf die Zeit. Auf die Zeit, die vergeht. Morgen werde er sie bestimmt wieder anstellen, aber heute sei ihm einfach alles zu viel.

Dabei hat er eigentlich nichts Schlechtes zu berichten, die Bilanz der vergangenen Tage ist durchaus erträglich. Den Silvesterabend hat er mit Anstand über die Bühne gebracht, obwohl ihm davor fast so sehr wie vor Weihnachten gegraut hatte. Wie immer fand sich der Freundeskreis im Haus von Jürgen und Rolf zusammen, eine große Gruppe, 14 Personen waren es diesmal, Junge und Alte, zwei Dreißigjährige, zwei 75-Jährige. Und wie immer kochte Tanner für alle. Kein sechs- oder siebengängiges Menü wie früher, das hätte er sich nicht zugetraut. Aber den Hauptgang wenigstens, Bœuf Stroganoff, das ließ er sich nicht nehmen. Kochen war immer eine Lieblingsbeschäftigung von Ulrich Tanner gewesen, nicht dass er ein großer Künstler am Herd gewesen wäre, aber mehr als das Gewöhnliche brachte er schon zustande. Italienische Küche hauptsächlich. Bei seiner Mutter hatte er sich das meiste abgeschaut und bei den Küchenmädchen, die im vornehmen Zürcher Haushalt angestellt waren. Und jetzt Bœuf Stroganoff. Das letzte Mal richtig kochen.

»Darüber habe ich gar nicht nachgedacht«, sagt Tanner. Aber um Mitternacht, als sich alle in den Armen lagen und sich mit den Sektgläsern zuprosteten, da sei es ihm schon etwas merkwürdig gewesen, »da hat es mir die Kehle zugeschnürt«, ein Kloß im Hals. Auch deshalb, weil unter den 14 Festgästen viele gar nichts wussten von Tanners Plan und deshalb auch keine Ahnung hatten, wie seltsam in seinen

76

Ohren und in denen der Mitwisser ein Glückwunsch wie »Ein gutes neues Jahr« klingen musste. Oder wie makaber ein munter dahergesagtes »Es kann nur alles besser werden« anmutete.

Eigentlich, sagt Tanner, stimme das für ihn ja. Besser werde es nach dem 19. Februar auf jeden Fall. »Weil ich da die Schmerzen los bin.« Ob er allerdings …, und nun zögert er und bricht den Satz ab. Das letzte Mal, als er über das Leben nach dem Tod gesprochen habe, da sei er wohl zu weit gegangen. So konkret stelle er sich eine Wiederbegegnung mit seinen Eltern im Jenseits nun doch nicht vor. Er habe vielleicht nur allzu offenherzig über das geplaudert, was ihm durch den Kopf gehe. Aber immerhin, dass sich nach dem Tod Körper und Geist trennten, davon sei er überzeugt.

Im Übrigen habe er also dieses letzte Silvester seines Lebens in allen Ehren überstanden. Warten, bis es Mitternacht wurde, und dann möglichst schnell nach Hause. Gut geschlafen habe er allerdings nicht. Vielleicht, sagt Tanner, mache ihm diese Symbolik doch mehr aus, als er zugeben könne: dass dieses Jahr jetzt auf einmal 2008 heißt und dass es für ihn kein weiteres geben soll. 2008 das Sterbejahr. Ulrich Tanner, 1956 bis 2008.

Er ist empfindlich geworden in diesen Tagen. Immer öfter beginnt er plötzlich zu weinen. »Ich weiß gar nicht, warum und worüber. Es fängt einfach an.«

Silvester war nicht das einzige symbolische Datum. Gestern war es, da hat Tanner etwas getan, das die Symbolik von Silvester bei weitem übertroffen hat. Tanner war auf dem Standesamt.

Es muss an dieser Stelle gesagt werden, dass der Tod der

Eltern für Tanner eine doppelte Zäsur war. Es war ja nicht nur der Verlust der Mutter, dieser tiefe Einschnitt, der den Verlust des Lachens zur Folge hatte. Es war auch ein Gewinn. Tanner war reich geworden. Die Eltern hatten in Zürich und im Zürcher Umland Immobilien besessen, an Plätzen also, mit deren Preisen sich in Europa wenige Orte messen können. Tanner verkaufte die Immobilien, er hatte von nun an Geld. Und weil er von diesem Geld in den vergangenen Jahren nur einen kleinen Teil ausgegeben und den anderen gut angelegt hatte, war nun eine Erbschaft zu vergeben.

Tanner war lange Zeit ratlos darüber gewesen, wen er mit seinem Reichtum glücklich machen könnte. Verwandtschaft gab es keine, und das Band zwischen ihm und Gerald hatte er in jenem Februar 2006 zerschnitten. Es war dann eine Entscheidung der letzten Wochen gewesen. Je mehr sich das Verhältnis zu Gerald zum Besseren wendete, je stärker eine verloren gegebene Nähe zurückkehrte, umso sicherer wurde Tanner, dass der Erbe kein anderer sein konnte als sein früherer Freund. Die 15 Jahre mit ihm waren die wichtigsten seines Lebens gewesen, eigentlich das Glück seines Lebens, auch wenn die letzten Jahre zu Streit und Entzweiung geführt hatten. Gerald also sollte als Erbe eingesetzt werden, beim Notar war Tanner schon gewesen, das Testament war hinterlegt. Dieses Vermächtnis sollte die Wiederannäherung der letzten Wochen und Monate besiegeln. Eine Erklärung der Zuneigung über den Tod hinaus.

Nun ist Tanner aber immer auch Geschäftsmann gewesen, und als solchen störte es ihn zutiefst, dass Gerald für diese Erbschaft eine gewaltige Steuersumme an den Staat zu zahlen hatte. Da traf es sich gut, dass dieser Staat gerade dabei war, am Steuerrecht für homosexuelle Gemeinschaften etwas zu ändern. Bisher waren die so genannten eingetragenen Partnerschaften beim Erbschaftsrecht keineswegs der Ehe gleichgestellt und versprachen keinerlei Vergünstigungen. Jetzt wurde das anders, und Tanner wäre nicht Tanner gewesen, hätte er die Gelegenheit verpasst. Da war Geld zu sparen, viel Geld. Also machte Tanner Gerald einen Heiratsantrag.

Am Donnerstag, dem 5. Januar, standen die beiden vor dem Standesbeamten, die Zeremonie dauerte nur wenige Minuten. Keine Trauzeugen, keine Feierlichkeiten, es ging doch nur ums Geld und nicht um die Herzen. Bis dann der Standesbeamte fragte, ob sie nun Ringe tauschen wollten. Natürlich hatten sie keine Ringe, und die Abwesenheit der Ringe machte Tanner mit einem Schlag die Anwesenheit von Gefühlen klar. Auf einmal hatte sich der Grund für diesen Standesamtstermin, dieses Steuergesetz, einfach aus dem Staub gemacht, und Tanner und sein Ex-Freund, sein Wieder-Freund, sein Immer-noch-Freund, standen in diesem Trauungszimmer und begriffen, dass sie einem in dieser Lage geradezu unfassbaren Satz gefolgt waren: bis dass der Tod euch scheidet.

Tanner hat in diesem Moment nicht geweint. Aber jetzt, wenn er davon erzählt, wischt er sich mit der Hand über die Augen. Nahe am Wasser. Noch 37 Tage.

Die beiden haben einen Kaffee getrunken hinterher, abends sind sie essen gegangen, nichts Besonderes, Pizzeria.

»Ganz einfach ist das alles nicht«, sagt Tanner.

Natürlich nicht. Der Max.

»Genau der Max. Für den könnte das schon ein Problem

sein, aber ich glaube, der kann das akzeptieren. Es ist ja auch nicht mehr lange. Noch 37 Tage.«

Tanner lenkt jetzt schnell vom Thema ab. Da drüben, die Wohnzimmerwand, sagt er, da hätte noch was Platz, da ist noch etwas frei. Platz für einen Traum. Der heißt Serge Poliakoff, ein russisch-französischer Maler. Tanner hat ihn immer besonders geliebt, seine Farbflächen, die grellen, heftig gegeneinander abgesetzten abstrakten Figuren, die wie große Teile eines Puzzlespiels leuchten. Wäre ein Traum, sagt Tanner. Und nicht unerschwinglich. Natürlich, die großen Gemälde sind unbezahlbar, aber eine kleine Lithographie, sechseinhalbtausend Euro, das wär's doch, sagt Tanner. Und ist jetzt ganz weit weg vom Wasser, in den Augen steht etwas wie Begeisterung, ein Poliakoff für seine letzten Wochen. »Wissen Sie«, sagt er, »ich käme auch ganz leicht dran, ich kenne jemanden, der könnte mir da was besorgen.« Und es wäre auch gar nicht schlimm, wenn die sechseinhalbtausend von Geralds Erbe abgingen. Der hätte dann ja das Bild als Gegenwert.

Die Begeisterung verfliegt so schnell, wie sie gekommen ist, und die Tanner-Nüchternheit gewinnt wieder die Oberhand. Es habe ja doch keinen Sinn mehr, sagt er, bis das Bild angekommen, bis es dann gerahmt sei, das dauere viel zu lange. Da blieben ihm höchstens noch ein paar Tage Zeit, um Freude daran zu haben. Nein, die Idee sei ihm zu spät gekommen. Zumal man ja gar nicht wisse, ob er so wenige Tage vor seinem Tod überhaupt noch etwas empfinden könne für so ein Bild an der Wand. Er frage sich das ohnehin die ganze Zeit. Wie das werden würde kurz vor dem Ende, ob er sich da verändern werde, nicht mehr nach links und rechts schauen wie in einem Tunnel, nur noch geradeaus nach vorne, wo ein Licht ist, und dieses Licht ist der Tod.

»Egal«, sagt Tanner und macht eine Bewegung, als wollte er etwas abschütteln, »jetzt ist das mit dem Poliakoff jedenfalls zu spät.« Träume, so kurz vor Schluss, müssten ja wirklich nicht mehr erfüllt werden.

Schon wieder diese Vernunft, Tanner, diese eisblaue Nüchternheit.

»Wenn ich die Vernunft nicht hätte, wäre alles noch viel schwerer.«

Aber Träume muss man sich bis zuletzt leisten dürfen.

»Nein, weil Träume etwas mit der Zukunft zu tun haben. Und die gibt es für mich nicht mehr. 37 Tage vor dem Tod ist spätestens der Moment, in dem aus Träumen Illusionen werden. Nur Narren können jetzt noch träumen.«

Wer weiß, vielleicht wäre ein wenig Narrheit in Ihrer Lage nicht das Schlechteste.

»Was wissen Sie von meiner Lage? Niemand weiß etwas von meiner Lage. Weil da, wo ich jetzt bin, selten jemand ist. Lassen Sie mich in Ruhe damit. Wahrscheinlich fangen Sie jetzt auch noch damit an, dass ich mir's nochmal überlegen soll. Dann, werden Sie sagen, wären die Träume doch keine Illusionen. Träum nochmal, Tanner, werden Sie sagen.«

Träum nochmal, Tanner.

»Sie haben nichts verstanden.«

Was müsste denn geschehen, damit Sie es sich noch einmal überlegen?

»Ein Wunder. Etwas, das es in Wirklichkeit gar nicht gibt.«

Also Träume.

»Was reden Sie da?« Tanner ist aufgebracht, beinahe wütend, und er ist selten wütend. Das Gespräch geht ihm ans Lebendige, wie er sagen würde. »Sie haben nichts verstanden«, wiederholt er. »Nicht meine Schmerzen, nicht meine Ausweglosigkeit, nicht meine Entschlossenheit.«

Es ist draußen wieder dunkel geworden und im Wohnzimmer auch. Tanner sitzt aufrechter denn je am Tisch, man hört seine Atemzüge. Sie sind dass Einzige, was die Stille durchbricht. Auch die Uhr ist still, Tanner hat sie ja abgestellt.

Es ist Zeit für heute zu gehen. Das Gespräch hat Tanner angestrengt wie nie.

»Verstehen Sie mich nicht falsch«, sagt er. »Es ist nur so, dass keiner wirklich weiß, wie es mir geht.«

Sein oder Nichtsein?

Das Tabu der Selbsttötung
und der Skandal des öffentlichen Schweigens

Ulrich Tanner ist nicht allein. Jedes Jahr scheiden in Deutschland etwa 11 000 Menschen aus eigenem Willen aus dem Leben. 11 000 – das ist ungefähr die doppelte Zahl der Menschen, die jährlich im Straßenverkehr getötet werden. Zwar geht die Häufigkeit der Selbsttötungen – wohl wegen Fortschritten bei der Depressionsbehandlung – zurück, vor 25 Jahren waren es noch über 18 000, dennoch spricht diese Zahl eine dramatische Sprache.

11 000 Menschen jedes Jahr, die nicht mehr weiter wissen, die den letzten Ausweg aus dem Leben nehmen. Alle 47 Minuten einer. Opfer von Gewalttaten, von Katastrophen, Aidstote – alles kein Vergleich mit der Anzahl der Selbsttötungen. Eine schier unvorstellbare Zahl. Und beinahe genauso unvorstellbar ist, dass darüber so gut wie nicht gesprochen wird. 11 000 Menschen in einem Land, in dem niemand Hunger leiden muss, in dem kein Krieg herrscht, in dem das Gesundheitssystem und die Gerichte leidlich funktionieren, in dem sich also das Leben im Großen und Ganzen ordentlich regeln lässt. Aber keiner schlägt Alarm, keiner nennt den Skandal einen Skandal. Eine öffentliche Debatte findet nicht statt, Zeitungen berichten nicht darüber – es sei denn, es handelt sich um Fälle besonderer Prominenz.

Die Selbsttötung ist eines der letzten Tabuthemen der modernen Gesellschaft.

Dabei haben sehr viele Menschen in ihrem Umfeld damit zu tun. Denn die Zahl 11 000 ist ja die Zahl der vollzogenen Suizide. Unendlich viel größer ist die Summe der Versuche. Naturgemäß kann es hier nur Schätzungen geben, und diese Schätzungen gehen weit auseinander. Die vorsichtigsten von ihnen gehen davon aus, dass in den westeuropäischen Industriestaaten die Zahl der versuchten Selbsttötungen mindestens zehnmal so hoch ist wie die der vollendeten. Das wären dann etwa 110 000 pro Jahr in Deutschland, die Einwohnerzahl einer kleinen Großstadt also. Das amerikanische National Institute of Mental Health kommt zu einem noch viel erschreckenderen Ergebnis. Es schätzt, dass die Zahl der versuchten Selbsttötungen fünfzig Mal höher ist als die der gelungenen. Das wären dann etwa 550 000 Fälle, die Zahl einer halben Millionenstadt. Alle 57 Sekunden einer. Wenn man sich nun vergegenwärtigt, dass jede dieser Personen Verwandte, Bekannte, Freunde hat, dann summiert sich die Zahl der Menschen, die jedes Jahr mit einer Selbsttötung zu tun haben, auf mehrere Millionen.

Selbst wenn man annimmt, dass viele der Versuche, sich das Leben zu nehmen, eher Hilferufe sind, bleibt die Zahl noch immer unglaublich. Zumal auch jene Hilferufe Zeichen menschlicher Dramen sind. Oftmals scheitern die Versuche zur Selbsttötung auch an Unwissenheit. Immer wieder versuchen sich lebensmüde Menschen mit heute gebräuchlichen Schlaftabletten das Leben zu nehmen. Das misslingt bei diesen Medikamenten in der Regel, man fällt in einen komatösen Schlaf, wacht dann aber wieder auf, manchmal nach Tagen. Auch Versuche mit Haus- oder Autoabgas führen meist nicht mehr ans Ziel, da deren Toxizität im Vergleich zu früheren Zeiten viel geringer geworden ist. Deshalb gehen auch Äußerungen von Bundesjustizministerin Brigitte Zypries und ihrer Vorgängerin Herta Däubler-Gmelin in die Irre, die in der Debatte um die Sterbehilfe sagten, wer sich in Deutschland das Leben nehmen wolle, könne das doch ungehindert tun. Er kann es in der Tat – ist aber in aller Regel gezwungen, gewaltsame oder gar grausame Methoden zu wählen, die über den schrecklichen, sich selbst strafenden Tötungsakt hinaus auch noch andere Menschen betreffen. Drei bis vier Mal pro Tag erleben Lokomotivführer, wie Menschen vor die Züge springen. Ein guter Teil der Bahnverspätungen rührt daher. Auch das ist ein Tabuthema, über das nicht gesprochen wird.

Misslungene Suizidversuche führen überdies oft zu schweren gesundheitlichen Schädigungen für das ganze Leben. Und das bei Personen, die ohnehin unter starken Belastungen leiden, sonst hätten sie sich zur Tat ja nicht entschlossen. Traumatisierte Menschen werden erneut traumatisiert. Leber- und Nierenerkrankungen sind oft die Folge, nicht selten auch schwere Verstümmelungen. Und doch hat das Thema keinen Platz im öffentlichen Raum gefunden, es wird in den privaten abgedrängt, es wird beschwiegen und versteckt, niemand soll in Berührung damit geraten, als handelte es sich um eine ansteckende Krankheit.

In der Tat wird oft genauso argumentiert: Das Reden über Suizide ziehe Suizide nach sich, löse Folgetaten aus wie einst das berühmte »Werther-Fieber« nach Erscheinen von Goethes Roman, als sich Menschen in blau-gelber Werther-Tracht und mit dem Buch in der Hand das Leben nahmen. Kollektive Suizid-Hysterien gibt es in der Tat, die letzte Welle wurde 1996 bekannt, nach der Auflösung der Boygroup »Take That«. Solche bizarren Vorkommnisse können indessen kaum ein ernsthafter Grund sein, warum das Thema Suizid und Suizidprophylaxe noch immer ein Unthema ist.

Der eigentliche Grund ist ein anderer. Der Freitod – ein Wort, das Friedrich Nietzsche geprägt hat und das von den Nationalsozialisten verboten wurde – gilt vielen immer noch als etwas Unrechtmäßiges, Sündhaftes, ja Verbrecherisches und Schmutziges. Das zeigt schon die allgemein gebräuchliche Verwendung des Wortes »Selbstmord«, das wahrscheinlich auf Martin Luthers »sein selbst morden« zurückgeht und das in sich bereits die Kriminalisierung mit einem Kapitalverbrechen birgt. Im Paragraph 211 des Strafgesetzbuchs ist der Mord definiert. Unter Ziffer 2 heißt es da: »Mörder ist, wer aus Mordlust, zur Befriedigung des Geschlechtstriebs, aus Habgier oder sonst aus niedrigen Beweggründen, heimtückisch oder grausam oder mit gemeingefährlichen Mitteln oder um eine andere Straftat zu ermöglichen oder zu verdecken, einen Menschen tötet.«

Was davon trifft auf die Selbsttötung zu? Was am Selbstmord ist Mord?

Es ist dann und nur dann Mord, wenn wir vom Selbstmordattentat sprechen. Hier ist der Straftatbestand des Mordes zweifelsfrei erfüllt, und der besondere Schauder, der von ihm ausgeht, hat mit der unerhörten Verdoppelung des Tötens zu tun, der Zerstörung des eigenen Lebens und zugleich des Lebens vieler anderer. Unsere Fassungslosigkeit dieser Tat gegenüber rührt allerdings auch daher, dass wir über kein Instrumentarium verfügen, adäquat zu reagieren, wie Roger Willemsen in seiner lesenswerten Textsammlung »Der Selbstmord« schreibt: »Der Selbstmord-Attentäter stürzt die Nachwelt in ein moralisches Dilemma. Man möchte ihn der Judikatur unterwerfen, möchte kompensieren können durch Strafen. Man ›verurteilt‹ die Tat ›schärfstens‹. Doch sie enthält selbst das schärfste Urteil und zwingt die Mitwelt in eine Verarbeitung ohne Katharsis. Tat ohne Sühne, Verbrechen ohne Kompensation.«

Das Leben als Waffe: Es waren Selbstmorde, die die Welt erschütterten am 11. September 2001 in New York und Washington. Es waren Selbstmörder, die Weltgeschichte schrieben. Die Welt ist seither eine andere geworden, der Zusammenprall der abendländischen und morgenländischen Kultur prägt die Politik. Und Selbstmordattentate in den Fernsehnachrichten sind mittlerweile so alltäglich geworden, dass sie längst keinen Spitzenplatz in den Meldungen mehr finden.

Selbstmordattentate sind die neueste Version jener Schauermomente, die mit der Selbsttötung schon immer verbunden waren. Die Schreckensbilder vom Selbstmörder sind zahllos, angefangen bei Judas Ischariot, der das grässlichste vorstellbare Verbrechen beging, Jesus für dreißig Silberlinge zu verraten, also Gott seinen Häschern auszuliefern, und sich anschließend selbst richtete. Immer wieder ist der Selbstmörder in den populären, aber auch literarischen Vorstellungen eine soziale Randexistenz, ein Verzweifelter, ein Verbrecher, ein Gescheiterter. Zugleich gerät aber die Selbsttötung in den Rang eines gruseligen Faszinosums: Menschen, die sich das Recht nehmen, so frei zu sein, wie es andere nicht sind. Der Suizid wird deshalb besonders in

Künstlerkreisen geortet, in denen höhere Autonomie und Sensibilität vermutet wird. Und es ist ja wahr, die Liste der Selbsttötungen von Künstlern ist schier endlos, von Kleist bis Hemingway, von van Gogh bis Kurt Cobain, von Tucholsky bis Sylvia Plath, von Virginia Woolf bis Marilyn Monroe. Und geradezu glorifiziert, als heroische Tat verherrlicht wurde der Freitod bei Personen der griechisch-römischen Antike, Empedokles, Cato, Cassius, Kleopatra, Marc Anton, Varus und vielen anderen.

Ganz so simpel scheint es indessen nicht gewesen zu sein, sowohl in Griechenland als auch in Rom gab es differenzierte Meinungen zum Suizid. So lehnte ihn zum Beispiel Aristoteles pauschal ab, während sich die Stoiker dafür aussprachen, allerdings nur unter der Voraussetzung, dass eine unheilbare Krankheit und unerträgliche Schmerzen vorlägen. In diesem Fall aber forderten die Stoiker, müsse es nicht nur ein Recht auf Selbsttötung geben, sondern die Pflicht dazu. Unerträgliche Schmerzen machten schließlich das Ziel des Stoizismus zunichte, die Ruhe der Seele zu erlangen. Aber auch dann durfte das Individuum nicht entscheiden, wie es wollte, sondern musste seine Gründe und seinen Wunsch, das Leben zu beenden, erst dem Senat darlegen. Wurde die Selbsttötung genehmigt, dann bekam der Todeskandidat vom Staat behördlich für solche Fälle aufbewahrtes Gift. Wurde diese offizielle Genehmigung aber nicht eingeholt, dann gab es ernste Konsequenzen, meist wurde die Leiche geschändet. Nicht immer freilich folgte die Praxis so strengen Regeln. Über alle Gesetze und Verordnungen hinweg scheint es offenbar hauptsächlich auf den gesellschaftlichen Stand des Sterbewilligen angekommen zu sein. Je höher er war, umso eher wurde der Suizid akzeptiert.

In Rom war das nicht anders. Für Soldaten und Sklaven war es rigoros verboten, Hand an sich zu legen. Kein Wunder, beide wurden dringend gebraucht. Ansonsten existierte eine ähnliche Prozedur wie in Griechenland, ein staatliches Genehmigungsverfahren. Wurde das nicht eingehalten, so wurde der Leichnam nach der Selbsttötung oftmals ans Kreuz geschlagen oder verstümmelt. Aber auch hier galt: je höher der Rang, umso häufiger die Ausnahme.

Besonders interessant ist in diesem Zusammenhang die Figur des Philosophen Seneca. Er bezog nämlich eine Position, die in ihrem geradezu selbstverständlichen Beharren auf der Wahlfreiheit des Menschen verblüffend an eine pragmatische Moderne gemahnt: »Wenn der eine Tod unter Qualen, der andere einfach und leicht sich vollzieht, warum sollte diesem nicht die Hand nachhelfen dürfen? Wie ich ein Schiff auswählen werde, wenn ich in See gehen, und ein Haus, wenn ich wohnen will, so den Tod, wenn ich aus dem Leben gehen will.« Die Erlaubnis zum Suizid leitet Seneca – ähnlich wie die Stoiker – von der Zerstörungskraft des Schmerzes ab, der ein »sittliches« Leben nicht mehr möglich mache. »Das Leben braucht nicht unter allen Umständen festgehalten zu werden. Nicht nämlich ist zu leben ein Gut, sondern sittlich zu leben.« Seneca weiß, dass seine Meinung nicht überall geteilt wird: »Finden wirst du auch Lehrer der Philosophie, die bestreiten, man dürfe Gewalt antun dem eigenen Leben, und es für Gotteslästerung erklären, selbst sein eigener Mörder zu werden: warten müsse man auf das Ende, das die Natur bestimmt hat. Wer das sagt, sieht nicht, dass er den Weg zur Freiheit verschließt.«

Die Kühnheit solcher Gedanken steht in einem harten

Kontrast zum wirklichen, erbärmlichen Lebensende des Philosophen. Denn Seneca wurde zur Selbsttötung gezwungen, von Kaiser Nero, der ihn einer Verschwörung bezichtigte. Den Suizid als Form der Hinrichtung gab es in der Antike des Öfteren, der bekannteste ist der Fall Sokrates. Bei Seneca begann der Hinrichtungsprozess damit, dass er sich die Pulsadern aufschneiden ließ. Weil das nicht zum Ziel führte, ließ er das Gleiche auch an den Adern der Beine und Kniekehlen geschehen. Aber auch hier stockte der Blutfluss alsbald, weshalb Seneca nach einem Schierlingsbecher verlangte. Doch das Gift wirkte nicht. Darauf stieg er in ein warmes Bad mit der Absicht, den Blutkreislauf anzuregen. Als auch das nichts nützte, ließ er sich von Soldaten in ein Dampfbad bringen, wo er schließlich erstickte.

Ganz und gar unbarmherzig war das christliche Mittelalter gegenüber Selbsttötungen. Insbesondere nachdem das Konzil von Toledo 693 verfügt hatte, dass jeder zu exkommunizieren sei, der versuche, sich umzubringen. Die »Strafe«, die über Tote verhängt wurde, zeugt von einiger Barbarei. Oft wurde ihnen ein Holzkeil durch den Kopf oder durch die Brust getrieben, sie wurden zum Galgen geschleift und dort an den Füßen aufgehängt, nicht selten hackte man ihnen die Hand ab, die sie gegen sich erhoben hatten. Ihren Besitz bekamen Grundherren oder sonstige Potentaten. Diese Praxis währte viele Jahrhunderte.

Diese offensichtliche Freude am Sadismus lässt sich zum einen damit erklären, dass in jeglicher Selbsttötung das Wirken des Satans vermutet wurde. Nicht Not und Verzweiflung wurden als Motiv gesehen, sondern teuflische Besessenheit. Den zweiten Grund für das rigorose Vorgehen von Staat und Kirche wird man wohl darin finden, dass

in den Jahrhunderten des Mittelalters die Bevölkerungs-
zahlen recht gering waren. Wer sich tötete, entzog sich den
Aufgaben der Gemeinschaft und wurde damit zum Sünder
an ihr.

Erste Risse in diesen fest gefügten Anschauungen taten
sich mit dem Auftreten der Humanisten auf und ihren Re-
flexionen über den Sinn des Lebens. Thomas Morus, immerhin ein Heiliger der katholischen Kirche, entwarf in
seiner »Utopia« gar eine Form der Sterbehilfe, die von
Priestern zu leisten sei. Bald darauf hielt das Thema des
Suizids Einzug in die Literatur, und zu Beginn des 17. Jahrhunderts stellte Shakespeares Hamlet schließlich die
Grundsatzfrage »Sein oder Nichtsein«.

Die Selbsttötung war damit als literarisches Schauer-
thema etabliert, erreichte einen Höhepunkt mit Goethes
»Werther«, kehrte immer wieder, etwa bei Dostojewski
(»Die Dämonen«), Flaubert (»Madame Bovary«) oder
Fontane (»Céline«). Schon zuvor, in der Zeit der Aufklä-
rung, hatte der Suizid entschiedene Fürsprecher gefunden,
besonders bei David Hume und Jean-Jacques Rousseau,
der versuchte, die Selbsttötung theologisch zu legitimieren:
Wem Gott das Leben unerträglich mache, dem befehle er, es
zu verlassen. Ganz anders argumentierte Immanuel Kant.
Er leitete aus dem kategorischen Imperativ ein Verbot des
Suizids ab.

Im weiteren Verlauf der Geschichte mehrten sich die
liberaleren Stimmen, insbesondere nihilistischer oder exis-
tenzialistischer Herkunft. Die Kirchen indessen gaben
ihren fundamentalen Widerstand nie auf, und auch von
staatlicher Seite wird das Thema meist eher restriktiv behandelt. In England stand der Versuch der Selbsttötung bis

in die sechziger Jahre des zwanzigsten Jahrhunderts noch unter Strafe.

So blieb der Suizid eine der großen, umstrittenen ethischen Grundfragen. Die größte, wie Albert Camus meinte: »Es gibt nur ein wirklich ernstes philosophisches Problem: den Selbstmord. Die Entscheidung, ob sich das Leben lohne oder nicht, beantwortet die Grundfrage der Philosophie.«

Auch heute, zu Zeiten der Debatte um die Sterbehilfe, bleibt eine doppelte Frage, deren Beantwortung im Streit steht und immer stehen wird: Mit welchem Recht darf sich ein Mensch das Leben nehmen? Mit welchem Recht darf man das einem Menschen verwehren?

Das italienische Gefühl

Tanner erzählt vom Glück
und den Häusern, die er beinahe gebaut hätte

Pech gehabt. Immer wieder Pech gehabt. Ein ganzes Leben
lang. Pechvogel Tanner.

»Unsinn«, sagt er, »wie kommen Sie darauf?«

Natürlich, die Kindheit, das gebe er zu, eine schreckliche
Kindheit. Auch die vergangenen eineinhalb Jahre, ebenfalls
schreckliche Jahre. Und diese nicht enden wollende Abfolge
von Krankheiten, ja, schlechte Zeiten, die habe es gegeben,
nicht zu leugnen. Aber nur ausnahmsweise. Ansonsten,
Tanners Stimme wird jetzt bestimmt, habe er ein glückliches Leben gehabt. Ein sehr glückliches. Er wiederholt das
Wort oft. Glück, sagt er, Glück. Als sollten die Wiederho-
lungen etwas festhalten, etwas beschwören.

»Auch wenn ich jetzt bald sterbe, es war ein erfülltes Leben. Ein glückliches Leben.«

Außerdem, das könne ein Außenstehender nun einmal
nicht begreifen, sei der Tod für ihn nichts Schreckliches,
überhaupt nicht. Er wisse, er wiederhole sich, aber er müsse
das immer wieder sagen. Der Tod sei eine Hoffnung. Kürzlich habe er ein Zitat gefunden, er habe es sich aufgeschrie-
ben, das drücke genau aus, was er fühle. Tanner steht von
seinem Stuhl auf, geht hinüber ins Schlafzimmer und
kommt mit einem Zettel zurück. »Hier, es ist von Sokrates«,
sagt er: »Niemand kennt den Tod, es weiß auch keiner, ob er
nicht das größte Geschenk für den Menschen ist.« Das mit
dem Glück sei eben meistens komplizierter, als man denke.

Oft stecke es in Dingen, die gar nicht danach aussähen. Und mit dem Unglück sei es genauso. Wahrscheinlich sei das alles sehr banal, was er da von sich gebe. Aber so sehe er es nun einmal. Er jedenfalls habe viel Glück gehabt.

Er war Anfang zwanzig, als er seine erste dauerhafte Freundschaft hatte. Es war noch in der Schweiz, das Drachenhaus hatte er da schon lange verlassen. Was für eine Zeit. Erfolgreich bei der Arbeit, erfolgreich in der Liebe. Während der Woche in Zürich, an den Wochenenden im Ferienhaus in den Walliser Bergen. Die glückliche Zeit dauerte fünf Jahre. Dann wurde Tanner verlassen, und das Unglück war so groß, wie zuvor das Glück gewesen war. Tanner fiel in einen Abgrund, der so tief war, wie er sich vorher nicht hatte vorstellen können. Er stand in seinem Ferienhaus, ganz alleine und verlassen und verzweifelt, er stand auf dem Balkon und überlegte, was geschehen würde, wenn er sich da hinabstürzte. Es war das erste Mal, dass er so etwas dachte. Aber er verscheuchte die Gedanken, und das Glück kehrte zurück zu ihm und wurde zum großen Glück im Jahr 1991, als er Gerald traf. Es begann die schönste Zeit seines Lebens.

Er fing an hin und her zu fahren zwischen Deutschland und der Schweiz, und schließlich, der Reisen müde, verabschiedete er sich von seinem Beruf als Modellbauer, zog nach Köln und arbeitete von nun an im Geschäft seines Freundes. Der besaß einen Betrieb für Bilderrahmungen. Tanner stieg mit Begeisterung ein, lernte schnell, was da zu tun war, das Handwerkliche war seine Sache ja schon immer gewesen. Er war, dachte er, im Paradies angekommen, diese Ruhe und Gelassenheit, kein Vergleich zur Hektik und zu den Arbeitszeiten zuvor in Zürich. Und diese Selbstbestimmtheit im eigenen Geschäft.

Das Geschäft vergrößerte sich allmählich, zu den Einrahmungen kamen ein kleiner Kunsthandel hinzu und eine Galerie. Das Leben hatte Gestalt und Form und Regelmäßigkeit gewonnen und Tanner ein privates und berufliches Glück.

Er machte sich außerdem bald daran, einen lang gehegten Traum zu verwirklichen: ein Haus zu bauen. Er, der immer Modelle für Architekten gezimmert hatte, wollte einmal im Leben selbst Architekt sein. Und da er von seinen Eltern gerade einen Vorschuss auf das zu erwartende Erbe erhalten hatte, war dieser Traum auch zu realisieren. Tanner entwarf, zeichnete Pläne, wo ihm die Fachkenntnisse fehlten, ließ er sich von einer befreundeten Architektin helfen. Bald entstand am Stadtrand von Köln ein Mehrfamilienhaus. Und Freund Gerald war immer an seiner Seite mit seinem handwerklichen Geschick. Das Bauen wurde eine gemeinsame und verbindende Leidenschaft. Schon als Kind war es für Tanner das größte Glück gewesen, Häuser zu bauen, Lego-Häuser, Baumhäuser. Jetzt endlich konnte er tun, was er immer erträumt hatte. Tanner war vergnügt, so hatte er sich sein Leben vorgestellt. So sollte es weitergehen. Er verbrachte ungetrübte Jahre.

Sie endeten mit jenem Ereignis, das so vieles in Ulrich Tanners Leben verändern sollte, dem Tod der Eltern. Da die Erbschaft eine große Erbschaft war, reifte bei dem Freundespaar nach und nach eine Idee: Wie wäre es, wenn sie den plötzlichen Reichtum für die zweite gemeinsame Leidenschaft nutzen würden, das Reisen? Und sie überlegten, ob sie nicht einen radikalen Schnitt in ihrem Leben machen sollten: die Arbeit aufgeben und die Sesshaftigkeit auch. Unterwegs sein, ohne Pflichten und Grenzen. Was für eine

Vorstellung! Frei und ungebunden durch die Länder ziehen, vom Nordkap bis nach Sizilien. Tanner wog die Idee gründlich ab, wie es seine Art ist, und entschied dann sehr rigoros, wie es seine Art eben auch ist. Er verkaufte die Häuser in der Schweiz und das Mehrfamilienhaus, das er gebaut hatte, Gerald verkaufte das Rahmengeschäft, und schließlich ließen sich die beiden ein Haus auf Rädern bauen. Eigentlich war es ein Palast.

Das Wohnmobil maß achteinhalb Meter in der Länge, dreieinhalb in der Höhe, zweieinhalb in der Breite, es wog ohne Ladung sieben Tonnen. Zwei Schlafzimmer, Wohnzimmer, Küche, Bad, alles Massivholz, »kein Furnier, und Sperrholz schon gar nicht«, sagt Tanner, alles vom Feinsten, alles selbst entworfen, nach eigenen Plänen von der besten Firma, die es dafür gab, gebaut. Tanner erwacht zu einer ungeahnten Lebendigkeit, wenn er davon erzählt. 400 Liter Frischwassertank, Solaranlage, Luftfederung, hydraulische Stützen, eine integrierte Garage mit dem Motorrad drin und den Fahrrädern. 550 000 Mark hat es damals gekostet. Ein bisschen wahnsinnig sei das schon gewesen, sagt Tanner und ist sehr vergnügt bei diesem Wahnsinn, die Augen sind lebhaft, und die Mundwinkel, die sonst von den Schmerzen nach unten gezogen werden, gehen immer weiter in die Höhe, je länger er sich in immer neuen Wohnmobil-Details ergeht, ein Kühlschrank von 165 Litern, ein Gefrierschrank, Gasherd, Gasbackofen, edle Fußbodenplatten in Küche und Bad ... Tanner redet sich in einen Wohnmobil-Rausch, die Details werden noch detaillierter, von Heizkreislauf ist die Rede und Motorwärmetausch.

Das Wohnmobil also ist ein Wunder ohnegleichen gewe-

sen, und die erste Reise ging nach Süditalien. Die Jungfern-
fahrt. Und dann sollte es um die ganze Welt gehen, zumin-
dest um die halbe. Anhalten, wo es schön ist, bleiben. Das
war die Idee. Wochenlang, monatelang. Was sollte sie auch
an Deutschland binden? Tanner war frei. Gerald war frei,
und Geld war genug da. Ein Lebenstraum war wahr geworden. Zwei Vagabunden des Luxus entdecken die Welt.

Aber zuerst einmal Italien. Es muss ein großes Staunen
gegeben haben, jedes Mal, wenn das Riesenmobil in die
kleinen italienischen Städte einfuhr, sich die Gassen als un-
passierbar erwiesen und sich augenblicks kleine Volksauf-
läufe bildeten. Oder wenn sich der Wagen mit seinen dreieinhalb Metern Höhe auf den Campingplätzen unter die
Äste der Olivenbäume zu ducken versuchte. Dann standen
schon bald die Leute Schlange vor dem Gefährt und frag-
ten, ob man das Weltwunder auch einmal innen besichtigen dürfe. Tanner war begeistert. Neben dem Komfort bot
der Wagen auch ungeahnte Kontaktmöglichkeiten.

Sie fuhren nach Florenz, hinauf zum Zeltplatz am Piaz-
zale Michelangelo, sie fuhren über Rom nach Neapel, und
hundert Kilometer südlich machten sie halt. Hatten einen
Platz gefunden, der so romantisch war wie keiner zuvor,
direkt am Meer, dahinter die Hügel des Cilento. Sie blieben
da.

Sie blieben einen Monat und zwei und noch einen und
noch einen. Am Ende waren es sechs Monate geworden.

Es war womöglich der schönste Sommer des Ulrich Tanner. Zwar lag der Tod der Eltern noch gar nicht allzu weit
zurück, aber die neue Freiheit schien den Schmerz darüber
zu verdecken. Später sollte sich das ändern, als der Tod immer mehr Besitz ergriff von Tanners Leben. Aber in diesem

Sommer, in seiner fahrbaren Villa, lebte er auf wie noch nie. Die Tage glichen sich, zum Strand gehen, vom Strand kommen, Siesta halten, zum Strand gehen. Aber für Tanner war jeder Tag wie neu, er begrüßte das Gewohnte immer wieder mit einer Euphorie, als wäre es das erste Mal. Er fuhr mit dem Fahrrad, lief den Strand entlang, schwamm ins Meer hinaus. Er war gesund, er war frei, er war ausgelassen. Und er fand Freunde am Campingplatz, kochte für sie, bekam Kontakt mit Einheimischen, lernte Italienisch. Er besaß plötzlich eine Familie, die Familie, die er zeit seines Lebens entbehrt hatte. Und er ging tanzen. Der steife Herr Tanner. Die Freunde sagten, du bist wie verwandelt, so kennen wir dich gar nicht. Italien hatte ihn gefangen genommen, die Wärme, die Heiterkeit, das einfache Leben. Ein Arkadien. Tanner schwebte auf Wolken. Es hätte ewig so weitergehen können.

Manchmal saß er am Strand und schaute auf eine felsige Anhöhe über dem Meer. Da oben, dachte er dann immer, könnte mein Traumhaus stehen. Mit einem weiten, unverstellbaren Blick aufs Wasser. Und Tanner entwarf in seinem Kopf dieses Traumhaus. Zwei weiße Flügel, die in einem rechten Winkel aufeinander träfen, der Winkel geöffnet zum Meer hin, geöffnet der Brise, die vom Wasser kommt, geöffnet dem Licht und dem Geruch des Meeres. Eben diese Offenheit fand er das Entscheidende, dieses Zugewandte, ja Optimistische, das ganz und gar Unabgeschlossene. Genau das war es ja auch, was ihn an Italien und diesem Campingleben so faszinierte. Draußen sein können, aufgehoben in der Natur. Und er fantasierte sich zu seinem italienischen Lebensgefühl ein italienisches Traumhaus. Sein weißes Haus.

»Das hätte ich gern gebaut«, sagt Tanner, »und ein anderes auch. Ebenfalls ein Traumhaus. Und zwar in Deutschland. Das genaue Gegenteil.« Es müsste gänzlich abgeschlossen sein, ein viereckiger Atrium-Bau, zwei Längsgebäude, zwei kleinere Verbindungsbauten an den Seiten, und in der Mitte ein großer Innenhof, in dem sich das Leben abspielt, ein Swimmingpool und eine überdachte Terrasse. Nach außen hätte das Haus kein einziges Fenster, alle gingen auf den Innenhof.

Eine Burg also, Tanner, eine Festung. Abgeschottet gegen die bösen Feinde.

»Nein, ein Rückzugsraum, ein Ort der Geborgenheit, der Ruhe, der Stille. Das braucht der Mensch schließlich auch. Außerdem muss man die beiden Traumhäuser immer gleichzeitig denken, das offene und das geschlossene, das italienische und das deutsche. Beide gehören zusammen, beide sind ein Stück von der Welt, und beide sind ein Stück von mir.«

Das italienische scheint in den folgenden Jahren die Oberhand gewonnen zu haben. Denn dieser Zeltplatz südlich von Neapel wurde für Tanner zu einem magnetischen Ort, der ihn anzog immer und immer wieder. Er fuhr im nächsten Jahr dorthin und im übernächsten und noch einmal und noch einmal. Tanner und sein Freund wurden zu Institutionen auf dem Campingplatz. Jahr für Jahr trafen sie Gleichgesinnte wieder, manchmal kamen Freunde aus Deutschland zu Besuch, blieben ein paar Tage, ein paar Wochen. Und die alten Pläne waren mit einem Mal vergessen, keine Rede mehr von der Reise um die Welt, nicht einmal mehr um die halbe. Stets war es dieser eine Platz, und das Riesenmobil stand dort, als sei es aus Stein.

Die Magie des ersten Sommers mochte sich jedoch nicht mehr einstellen, so häufig und vehement sie Tanner auch suchte. Jene Erfahrung der unbegrenzten Freiheit war zu einer Alltagsfreiheit geraten, hatte ihre Neuigkeit verloren und das Aufregende, die Feiertage waren Werktage geworden, und die Befreiung von der Arbeit bekam nach und nach den schalen Geschmack der Arbeitslosigkeit, mochte sie auch noch so sehr selbstgewählt gewesen sein. Tanner wäre jetzt gerne mit dem Wohnmobil ein bisschen weitergefahren, etwas Neues sehen, Städte besichtigen, andere Strände suchen, andere Campingplätze. Aber Gerald, sagt Tanner, wollte sich dafür nicht recht begeistern. Also blieben sie da, wo sie waren, wo sie immer waren, Jahr für Jahr. Tanner ging zum Strand und ging zurück, setzte sich in die Sonne, setzte sich in den Schatten, suchte das italienische Glück, fand es nicht und fuhr doch alsbald wieder dorthin, um es erneut zu suchen. Tanner schaute auf die Anhöhe über dem Meer, und er wusste, dass er sein Traumhaus niemals bauen würde.

Es war die Zeit, als Tanner nicht mehr tanzte und das Lachen verlernte. Es war die Zeit, als die Parkinsonsche Krankheit begann und der Tod der Mutter anfing, von ihm Besitz zu ergreifen. Der Freiheitsrausch war ein Freiheitskater geworden. Und das Verhältnis zu Gerald bekam Risse, die bald schon keine Risse mehr waren, sondern Sprünge; und bald keine Sprünge mehr waren, sondern Brüche.

»Es ist nie wieder gut geworden«, sagt Tanner.

Ein Platz zum Schweigen

Tanner macht einen langen Spaziergang
und kauft einen Grabstein

Der Weg ist steil am Anfang. Später wird er flacher, führt in
sanften Kehren einen Hang hinauf, manchmal sind dazwischen ein paar Treppenstufen. Tanner versucht, zügig zu
gehen. Er muss trotzdem immer wieder stehen bleiben, den
unsicheren Beinen einen sicheren Halt suchen. So weit ist
er schon lange nicht mehr gegangen. Aber dann rafft er sich
wieder auf, setzt seine Schritte zielstrebig. Der Weg muss
sein.

Weil sich Tanner in den Kopf gesetzt hat, dass für seinen
Tod alles vorbereitet sein muss. Alles. Niemand soll damit
Arbeit haben. Deshalb ist er jetzt auf dem Friedhof.

Es ist ein besonderer Friedhof, ein wenig außerhalb der
Stadt, ein privater Friedhof. Hier soll es anders zugehen als
bei gewöhnlichen Beerdigungen, würdiger, persönlicher,
keine Massenabfertigung, keine in Reih' und Glied aus-
gerichteten Norm-Gräber, keine Friedhofsordnung mit
Verbotsschildern, keine genau begrenzten Öffnungszeiten,
keine Automaten für Grablichter. Das könnte der richtige
Ort sein, dachte Tanner.

Er hat sich überhaupt ein paar Gedanken gemacht über
diesen Ort. Am Anfang wollte er nämlich überhaupt keinen
haben. Weil man keinen Ort zur Trauer braucht, dachte er.
Die Trauer ist schließlich allgegenwärtig, wieso sollte man
sie dingfest machen, an einen speziellen Platz verweisen?
Vielleicht sollte er es so machen wie seine Eltern, die vor

ihrem Tod verfügt hatten, dass sie anonym bestattet werden wollten. Die Urne einfach auf einer Friedhofswiese in die Erde gesetzt, keiner weiß genau, wo. Kein Grabstein und keine Inschrift erinnern. Oder die Asche ins Meer streuen, vielleicht in Italien, am besten südlich von Neapel. Ulrich Tanner, spurlos verschwunden.

Es war jene Frau von »Dignitas«, mit der er so oft telefoniert hatte, die ihn auf andere Gedanken brachte. Sie hatte ihm ja schon davon abgeraten, sich still und leise aus dem Staub zu machen, einfach nach Zürich zum Sterben zu fahren, ohne irgendjemanden zu benachrichtigen. Sein Tod, hatte sie gesagt, gehe nicht nur ihn allein etwas an, schließlich habe er doch sein Leben mit vielen geteilt, und der Tod gehöre auch zum Leben. Als Tanner das begriffen hatte, änderte er auch seine Meinung über die Bestattung. Nun wollte er einen Ort schaffen für seine Freunde, an dem sie sich seiner erinnern konnten. Nicht dass er so weit gegangen wäre, auch schon die Beerdigungszeremonie auszuarbeiten, nein, das sei nun wirklich nicht mehr seine Sache, dachte er. Aber einen Ort schaffen, ja, das ist es.

Darum ist Tanner jetzt an diesem nasskalten Januartag hier und sucht seinen Grabplatz aus. Auf seinen schwankenden Beinen geht er durch den farblosen Winterwald, der die Hügellandschaft des Friedhofs bedeckt. Die grauen Buchenstämme ragen kahl in den Himmel, eine Gruppe von Fichten steht drüben auf der Anhöhe, schwer gezaust vom Wetter. Kein Mensch sonst ist heute hier an diesem unwirtlichen Tag. Es beginnt zu regnen, Tanner geht unverdrossen weiter. Die Wege winden sich verschlungen durch die Hügel. Immer wieder hängen schaukelnde Klangkörper in den Bäumen, denen der Wind ein dumpfes Brummen oder ein helles, metallisches Klirren entlockt. Kunstwerke stehen am Wegesrand, Skulpturen, bunte Totempfähle, hölzerne Stelen, ein Labyrinth, aus Holzstämmen gemacht, manchmal wechselt der Belag des Weges, Sand, grober Kies, Holz, man spürt es an den Füßen. Eine Meditationslandschaft, ein Garten zur Besinnung, verspielt und ernst zugleich.

Dazwischen sind die Gräber, kreuz und quer, aber es sind keine Gräber, wie man sie von anderen Friedhöfen kennt. Keine Kreuze, Statuen, Grabmale. Keine parzellierten Gevierte mit Blumenschmuck, Efeu und anderem Immergrün. Hier ist alles ganz anders. Meist liegt am Grabplatz nur ein kleiner runder Stein oder ein ovaler, zwei, drei Hände groß, gerade dass noch Platz ist, einen Namen darauf zu schreiben. Und ein Jahr. Ein Todesjahr. Manchmal steht eine Kerze neben dem Stein, manchmal ein Blumenstrauß.

Ein Friedhof also, wie man ihn aus den romantischen Vorstellungen kennt, als man Naturidyllen entwarf als Gegenmodell zu den steinernen Gräberstädten, die im 19. Jahrhundert überall aus dem Boden wuchsen und mit kolossalen Grabmalen und übermannshohen Marmorfiguren prunkten, Père Lachaise in Paris, Zentralfriedhof in Wien, Campo Verano in Rom. Das Gegenbild waren die Waldfriedhöfe, in denen die Wege nicht schnurgerade liefen, in denen Brücken über kleine Bäche führten, Orte der Tröstungen, aber auch Orte für Spaziergänger und Naturbegeisterte. Ohnehin waren Friedhöfe in früheren Zeiten selten ausschließlich der Trauer vorbehalten. Sie waren vom Mittelalter bis mindestens ins 18. Jahrhundert auch Zentren der Begegnung und der Geschäfte, sehr irdischen

Dingen zugetan, man traf sich zum Gespräch und zum Rendezvous, man trieb Handel an Markständen und Prostitution hinter den Büschen. Da der Friedhof auch Asyl- und Schutzraum war, an dessen Mauern die Reichweite der weltlichen Macht endete, hielt sich dort oft auch zwielichtiges Publikum auf oder richtete sich gar dauerhaft ein. Der Cimetière des Innocents von Paris zum Beispiel war, wie Philippe Ariès schreibt, eine Art Ladenstraße, durch die sich stets eine schau- und kauflustige Menge drängte. Es gab Krämer, Näherinnen, Schreiber, Buchhändler, Huren, Bettler. Ariès nennt es die »Promiskuität von Lebenden und Toten«. Die Kirche versuchte die friedhöflichen Volksbelustigungen jahrhundertelang zu unterbinden. So etwa durch einen Erlass aus dem Jahr 1405, der es verbot, auf dem Friedhof zu tanzen und Spiele aller Art zu spielen, und es Pantomimen, Jongleuren, Maskenträgern, Spielleuten und Gauklern verwehrte, dort ihrem Gewerbe nachzugehen. Den Erlassen scheint kein großer Erfolg beschieden gewesen zu sein.

Die Idee, dass Friedhöfe nicht für die Toten, sondern für die Lebenden gemacht sind, ist auch die Idee dieses Friedhofs bei Köln. Aber natürlich ist er ein Friedhof des 21. Jahrhunderts. Also kein Marktplatz, sondern ein Ort der Besinnung und Einkehr. Es ist ganz still, nur das Rauschen des Regens unterbricht diese Stille. Ein Platz zum Schweigen, requiescas in pace, mögest du in Frieden ruhen.

Der Friedhofsteil mit den Fichten gefällt Tanner besonders gut. Hier stehen die Bäume nicht so dicht, es fällt ein wenig vom Januarlicht herein. Nadelbäume hat Tanner ohnehin lieber als Laubbäume, besonders Eiben, aber die gibt es nicht in diesem Wald. »Eiben«, sagt er, »sind meine

Lieblingsbäume. Kirschlorbeer und Taxus mag ich auch und besonders Feuerdorn, wissen Sie, der mit den roten und orangefarbenen Beeren.«

Nicht gerade eine Blütenpracht. Ein bisschen düster, Ihre Pflanzenwelt.

»Aber passend«, sagt Tanner und geht weiter durch den Winterwald.

Hinter den Bäumen taucht ein Haus auf. Das werde wohl der Ort sein, an dem dann seine Urne aufgebahrt werde, vermutet Tanner. Der Ort der Trauerzeremonie. Aber, wie gesagt, da wolle er sich nicht einmischen, darüber sollten die Freunde entscheiden. Eine Trauerzeremonie sei schließlich eine Sache, die die Lebenden für sich selbst veranstalteten und nicht für die Toten.

Nicht wenig makaber, was Sie da reden, Tanner, Sie sind auf dem Friedhof und suchen einen Platz für Ihr Grab. Wie halten Sie das aus? Was geht Ihnen durch den Kopf? Das kann kein Mensch ertragen. Warum brechen Sie nicht zusammen?

»Wer so oft zusammengebrochen ist, der bricht nicht mehr zusammen«, antwortet er. Und es ist in diesem Friedhofsregen wieder einmal der Moment erreicht, an dem die Gedanken und Empfindungen des Kranken, des Schmerzgeplagten, des Lebensmüden unendlich weit entfernt sind von der Welt der Gesunden, der Lebensentschlossenen. Zwischen diesen beiden Welten scheint eine unüberwindbare Grenze zu liegen, die das Empfinden der Kranken und der Gesunden voneinander trennt. Nur manchmal, in seltenen Sekunden, gelingt ein Blick hinüber wie in ein fernes, unbekanntes Reich, und es entstehen Augenblicke des Verstehens.

»Ich tue übrigens gar nichts Besonderes«, sagt Tanner. »Das haben die Menschen doch immer schon gemacht. Sie haben zu Lebzeiten ihre Grabstätte bestimmt. Bestattungsunternehmen werben sogar damit: ›Im Leben für den Tod vorsorgen.‹ Viele Leute haben sogar die Inschrift auf ihrem Grabmal entworfen. Was soll daran makaber sein? Und außerdem muss für mich nicht makaber sein, was für Sie makaber ist.«

Es ist nicht leicht, diese Differenz auszuhalten, Tanner.

»Es ist nicht leicht, die ganze Zeit mit dieser Differenz zu leben. Immer wieder versuchen, den anderen das Unverständliche verständlich zu machen. Immer wieder die gleichen Fragen beantworten und wissen, dass kaum jemand die Antworten versteht. Ich habe es aufgegeben mittlerweile.«

Man darf es nicht aufgeben, Tanner, keiner stirbt für sich allein. Man darf den Draht zu den anderen nicht abschneiden. Leben ist miteinander sprechen.

»Sterben auch?« Dann schweigt Tanner. Es regnet weiter.

Nach einer Weile bleibt Tanner stehen. Er deutet auf eine Stelle, da vorne bei den Fichten, da auf der Anhöhe, ein guter Platz, etwas abgeschieden, aber nicht zu weit entfernt vom Gehweg. Hier könne er sich sein Grab gut vorstellen. Ein besonderer Platz, etwas erhöht, ein wenig exponiert sogar, nicht zu dunkel, aber durchaus geborgen. Der werde seinen Freunden bestimmt gefallen. Und auf die komme es ja an, für ihn selbst sei es natürlich vollkommen gleichgültig, wo seine Asche ihre letzte Stätte finde. Er wolle gleich morgen mit der Friedhofsverwaltung sprechen und alles festmachen. Das Einzige, was an diesem Platz noch fehle, sei eben eine Eibe, der Lieblingsbaum. Vielleicht könne man ja eine pflanzen an der Grabstelle, er wisse natürlich nicht, ob das hier überhaupt erlaubt sei.

Tanner scheint jetzt zufrieden mit seinem Ausflug zum Friedhof, er hat gefunden, was er suchte. Und während er langsam, mit seinen kleinen, vorsichtigen Schritten Richtung Ausgang geht und immer wieder Pausen einlegen muss, erzählt er davon, warum ihm Friedhöfe schon ganz früh in seinem Leben ein sehr vertrautes Terrain wurden. »Ich war eigentlich immer vom Tod umgeben«, sagt er. Es war ja nicht nur der Tod der Eltern und der Schwester, es begann viel früher. Gerade fünfzehn war er, als sein bester Schulfreund beim Tauchen in Spanien ums Leben kam. Dann die Patentante, ein »besonders inniges Verhältnis«, sagt Tanner, sie starb an Krebs. Kurz danach der Onkel, Hirnblutung, er lag sechs Jahre bewusstlos im Krankenhaus, im Koma, bis er endlich sterben konnte. Und dann die Freunde der Eltern, Tanner kannte die meisten davon sehr gut, sie sind ein- und ausgegangen im Zürcher Elternhaus. Immer wieder kamen Todesnachrichten, zehn innerhalb von zwei Jahren, er weiß es noch ganz genau und weiß nicht mehr, warum das so viele in so kurzer Zeit waren. Friedhöfe haben für Ulrich Tanner jedenfalls längst den Schrecken verloren.

»Ich glaube«, sagt er, »dass mir diese Sterbegeschichten von früher, alle diese Todesfälle, die ich miterlebt habe, heute zugute kommen. Ich weiß, wie man Beerdigungen organisiert, und ich weiß, wie man Nachlässe abwickelt – nicht, dass mich das alles kaltließe, nicht im mindesten, aber ich habe mir bei diesem Thema eine große Nüchternheit angewöhnt. Das hat mein Leben stark geprägt.«

Tanner setzt sich ins Auto. Er fährt ruhig, gelassen und

sehr sicher. Der Morphiumspiegel sei heute nicht sehr hoch, sagt er. Auto zu fahren fällt ihm sichtbar leichter als zu Fuß zu gehen.

Es sind einige Tage vergangen, der Besucher ist wiedergekommen. Tanner führt ihn diesmal zuerst in seine Garage. Er will etwas zeigen. Der Friedhofsbesuch hat ihn nämlich nicht losgelassen. Und er fand plötzlich, dass ihm so ein kleiner, grauer Stein an seinem Grab doch ein bisschen zu schmucklos vorkomme. Also hat er bei der Friedhofsverwaltung angefragt und erfahren, dass eine kleine Skulptur oder dergleichen durchaus geduldet, ja sogar geschätzt werde, nur größere Grabsteine seien nicht erwünscht. Aber kleinere Kunstwerke passten ideal zu dieser Art von Friedhof. Also bemühte Tanner das Internet, gab bei Ebay das Suchwort »Skulptur« ein und wurde fündig.

In der Garage steht sie. Eine weiße, schlanke Säule, achtzig Zentimeter hoch, geriffelter Sandstein, knapp zwanzig Zentimeter im Durchmesser. Ein eigenwilliges Stück, gedreht, gewunden, verzwirbelt in der unteren Hälfte wie ein dicker Korkenzieher, und dann rund und kerzengerade in seiner oberen. Etwas, das sich erhebt aus schwierigen Anfängen, nicht weiß, wohin, sich dreht und wendet. Und dann, von der Mitte an aufwärts, zur Klarheit findet, gerade und unumwunden in die Höhe steigt. Eine einfache, schlichte Bildsprache. Tanner gefällt sie. Er sieht seinen Lebensweg darin abgebildet. Am Ende ist die Säule so gerade und unzweideutig wie der Entschluss am Ende seines Lebens. »Und unten am Sockel«, sagt Tanner, »ist Platz für meinen Namen.«

Das Gegenmodell

Hospizbewegung, Palliativmedizin
und die Sterbehilfe der anderen Art

Ohne Schmerzen sterben, bei klarem Bewusstsein, in Begleitung von Freunden. »In Würde«, sagt Tanner. Nicht allein, nicht im Pflegeheim, nicht auf der Intensivstation, nicht künstlich am Leben erhalten durch den Maschinenpark eines Krankenhauses. Seines Körpers mächtig und seiner Gedanken. In Würde eben.

Ein Wort, das bei vielen Empörung auslöst. Kann ein Suizid jemals würdig sein? Ist er nicht die größte Katastrophe, die ein Leben ereilen kann? Würdig sei es vielmehr, den Menschen beim Sterben so zu helfen, dass sie nicht leiden müssen, dass sie nicht allein sind, dass sie sich geborgen und getröstet fühlen und gar nicht auf den Gedanken kommen, sich selbst zu töten. Eine Sterbehilfe der ganz anderen Art, das entschiedene, diametrale Gegenmodell zu aktiver Sterbehilfe, aber auch zur begleiteten Selbsttötung. Es ist das Konzept der weltweiten Hospizbewegung. Etwa 1400 ambulante Hospizdienste arbeiten mittlerweile in Deutschland, über hundert stationäre. Etwa 80 000 ehrenamtliche Helferinnen und Helfer hat die Bewegung hierzulande.

Eine davon ist Johanna Weber. Sie ist erst 23 Jahre alt, Politikstudentin in Berlin. Ihre Freunde fragen: »Bei dir fängt das Leben doch erst an, warum willst du dich mit dem Tod beschäftigen?« Weil sie mehr über das Leben wissen will, antwortet Johanna Weber dann.

Ein halbes Jahr hat sie eine Ausbildung zur Hospizhelferin absolviert, und jetzt, im Frühjahr 2008, macht sie zum ersten Mal eine Sterbebegleitung. Eine krebskranke Frau, 97 Jahre alt. Nein, gruselig sei das keineswegs, sagt Johanna Weber. Drei Mal war sie jetzt bei ihr.

Sie sitzt in einem Café, sehr blond, sehr lebhaft, sehr große Ohrringe, und erzählt von ihren ersten drei Besuchen. Es müssen mächtige Eindrücke gewesen sein, denn sie kann kaum stillsitzen beim Reden, bewegt den Oberkörper vor und zurück, gestikuliert in großen Gebärden, unablässig. Kaum zu glauben, wie viel Leben das Sterben hervorrufen kann.

Es war am Pfingstsonntag, als sie das erste Mal zu ihrem Hospizdienst ins Pflegeheim kam, ein heißer Sonnentag, ausnahmslos alle Menschen der Stadt schienen auf den Beinen zu sein, ergriffen von einer Lebhaftigkeit und Lebenslust, wie sie seit Monaten nicht mehr auf den Straßen zu spüren war. Im Heim bekam sie von der zuständigen Pflegerin ein paar Informationen, und dann war sie schon in dem Zimmer, in dem die Kranke lag, ein Zwei-Bett-Zimmer. Sie lag tief versunken in ihrem Bett und schlief, den Mund geöffnet. Die Stille in diesem Zimmer war vollkommen, nur hie und da unterbrochen von einem Stöhnen vom Nachbarbett. Johanna Weber setzte sich auf einen Stuhl und sah sich um. Sie sah Topfblumen mit kräftigen Blüten, roten, weißen, und als sie noch einmal hinsah, bemerkte sie, dass es Plastikblumen waren. Sie sah Bildbände auf einem Tisch liegen, Fotobücher von fernen Ländern. Sie sah auf dem Bett ihrer Patientin ein weißes Kuscheltier, einen Eisbären.

Johanna Weber versuchte sich auf die Stille einzulassen,

sie saß auf ihrem Stuhl, es war eine einschüchternde Stille. Es war ihr erster Hospizdienst. Er sollte nur eine Stunde dauern.

Als sie das Pflegeheim verließ, war ihr, als würde sie gegen eine Wand prallen. Eine Wand aus Hitze, Geschrei, Menschen. Die Welt des Lebens und die Welt des Sterbens sind sehr verschieden.

Als Johanna Weber am nächsten Tag wieder am Bett saß, ließ sie sich von der Stille nicht einschüchtern. Wieder schlief die 97-Jährige, und wieder saß Johanna Weber auf dem Stuhl. Aber diesmal zog sie ihn ganz nahe ans Bett heran, sie nahm die Hand der kranken Frau und hielt sie in der ihren. Dann begann sie zu sprechen, laut und klar, sie erzählte vom Frühling vor dem Fenster, von der Sonne, von den Menschen. Und weil sie die Reisebücher auf dem Tisch gesehen hatte, begann sie auch vom Reisen zu sprechen, von den Ländern, die sie besucht hatte, von Australien. Und als sie redete, schien sich im Gesicht der Schlafenden etwas zu verändern. Wacher? »Nein«, sagt Johanna Weber, »wahrnehmender.«

Beim dritten Mal wusste sie gar nicht, wie sie heute diesen Besuch vertragen sollte. Sie hatte ein paar private Entscheidungen zu treffen, keine einfachen. Sie fühlte sich nicht frei, die Gedanken über diese Entscheidungen kreisten durch ihren Kopf. Aber als sie sich wieder ans Bett setzte, nahm die Geschwindigkeit des Kreisens ab. Auf einmal schienen die Gedanken nicht mehr so fordernd wie zuvor zu sein und traten mehr und mehr in den Hintergrund.

Johanna Weber sah, dass ihre Patientin mit dem Kopf nicht bequem auf dem Kissen lag. Also schob sie das Kissen zurecht, legte dabei ihren Arm um das Kissen, und in diesem Moment machte die Kranke eine Bewegung mit dem Kopf und schmiegte sich in die Armbeuge. Johanna Weber nahm nun ihre Hand, und sie fühlte, wie ihre Hand von der Kranken zu sich gezogen wurde. Sie streichelte ihr übers Haar, »und ich fühlte mich«, sagt sie, »wie eine Mutter, die ihr Kind im Arm hält und es schützt«. Und dann öffnete die Kranke auf einmal ihre Augen und sah sie an. Für einen Augenblick nur. Johanna Weber war überwältigt.

Es scheint nicht nur ihr so zu ergehen. Immer wieder berichten Mitarbeiter der Hospizbewegung von solchen Momenten. Von Sinnstiftung, vom Gefühl, in diesen kleinen Augenblicken etwas Bedeutendes geleistet zu haben. Es sind vor allem Frauen, meist ältere, die sich als Begleiterinnen von Sterbenden zur Verfügung stellen.

Der Beginn der Hospizbewegung wird auf das Jahr 1967 datiert. Da eröffnete die Ärztin und Sozialarbeiterin Cicely Saunders in London das erste »Hospiz«, ein spezielles Krankenhaus für Sterbende mit fünfzig Betten. Nicht Hilfe zum Sterben sollte dort gewährt werden, sondern Hilfe zum Leben während des Sterbens: Schmerzlinderung, Begleitung in einer Zeit der großen Einsamkeit, spirituelle Begleitung und Trauerbegleitung für Angehörige. Die Hospizidee fand in Deutschland zunächst wenig Anklang, insbesondere die katholische Kirche sprach sich dagegen aus, sie befürchtete, es könnten Ghettos für Sterbende entstehen. In anderen Ländern hingegen wurde die Hospizidee schnell aufgegriffen, vor allen in den USA, und 1986 wurde schließlich auch in Deutschland, in Aachen, das erste Hospiz gegründet. Weltweit gibt es heute in etwa hundert Ländern knapp 8000 solcher Unterstützungsangebote. Parallel dazu entwickelte sich die Palliativmedizin (von Lateinisch pallium = der Mantel). Sie setzt dann ein, wenn alle Heilungschancen vergeblich sind, wenn es nur noch darum geht, dem Sterbenden das Leben bis zum Ende zu erleichtern. 1983 eröffnete an der Kölner Chirurgischen Universitätsklinik die erste deutsche Palliativstation. Als gemeinsamer Begriff für Palliativmedizin und Hospizidee hat sich mittlerweile die Bezeichnung »Palliative Care« durchgesetzt, er wird auch von der Weltgesundheitsorganisation verwendet.

Schon bald nach Gründung des ersten Hospizes wurde deutlich, dass die Menschen es trotz der intensiven Betreuung vorzogen, ihre letzten Tage in ihren eigenen vier Wänden zu verbringen. Deshalb entstanden bald auch ambulante Dienste, die heute viel häufiger sind als die stationären Hospizhäuser. Solange es Angehörige gibt, die den Todkranken – zusammen mit Pflegediensten – versorgen, wird die ambulante Betreuung heute favorisiert. Feste Häuser eignen sich eher für Menschen ohne Angehörige.

Allen Einrichtungen weltweit gemeinsam sind fünf Grundelemente:

- Die Betroffenen, also der Kranke und seine Angehörigen, bestimmen selbst, was geschieht, ihnen werden keine Therapiekonzepte von außen aufgedrängt. Weil die Angehörigen oft mehr leiden als die sterbenden Menschen selbst, kümmert Palliative Care sich genauso um sie wie um den Kranken.
- Dem Kranken und seinen Angehörigen steht ein ganzes Team zur Verfügung. Es ist interdisziplinär, besteht nicht nur aus Ärzten und Pflegekräften, sondern auch aus Sozialarbeitern, Psychologen, Seelsorgern, Juristen, vielleicht auch aus Kunst- und Musiktherapeuten. Die Team-

mitglieder haben auch Aufgaben untereinander, sie unterstützen und beraten sich gegenseitig.

- Eine besonders wichtige Rolle spielen die ehrenamtlichen Helfer. Sie sitzen am Bett der Kranken und hören zu, sie erzählen, erledigen aber auch Alltagsarbeiten wie Einkaufen, Kochen, Kinder hüten. Ziel ist es, Sterbebegleitungen zu einem Teil alltäglicher menschlicher Begegnungen zu machen.
- Ein zentrales Anliegen von Palliative Care ist die Schmerztherapie. Ebenso wichtig ist die Behandlung anderer beim Sterben auftretender Beschwerden: Übelkeit, Erbrechen, Atemnot, Verdauungsstörungen, Verwirrtheit.
- Der Hospizdienst muss rund um die Uhr erreichbar sein. Oft fühlen sich Angehörige gerade nachts mit den leidenden Kranken so allein und überfordert, dass sie keinen anderen Ausweg mehr wissen, als den Kranken in eine Klinik einweisen zu lassen. Deshalb muss immer ein Bereitschaftsdienst ansprechbar sein, der telefonisch berät oder zu jeder Tages- und Nachtzeit zum Kranken kommen kann. Hospizdienste arbeiten auch mit einer Apotheke zusammen, die für sie stets erreichbar ist und bei der sie notwendige Medikamente zu jeder Stunde beziehen können.

Mit diesen fünf Grundsätzen hofft die Hospizbewegung, mit den Jahren eine »palliative Kultur« zu entwickeln, eine Kultur der Fürsorglichkeit beim Sterben. Davon ist Deutschland im Moment allerdings noch sehr weit entfernt. Während zum Beispiel in Skandinavien und Großbritannien etwa vierzig Prozent der Sterbenden Palliative-Care-Angebote in Anspruch nehmen, sind es in

Deutschland – nach Angaben der Deutschen Hospiz-Stiftung – gerade mal 2,5 Prozent. Insgesamt erfahren in deutschen Krankenhäusern höchstens zwanzig bis dreißig Prozent aller Patienten mit sehr großen Schmerzen eine ausreichende Schmerztherapie. Das heißt, und das ist eine schreckliche Wahrheit, siebzig bis achtzig Prozent sterben unter Qualen. Das müsste nicht so sein, denn dagegen gäbe es Mittel. Zwar hat sich der Morphiumverbrauch in den vergangenen Jahren in Deutschland deutlich erhöht, von 0,8 Kilogramm pro eine Million Einwohner im Jahr 1985 auf 17,7 Kilogramm im Jahr 2002. Aber auch mit diesem gestiegenen Verbrauch liegt Deutschland in der Europäischen Union immer noch an letzter Stelle. Auf dem ersten Platz steht übrigens Österreich.

Beim Ausbau palliativer Angebote tut sich derzeit einiges. Die Ausgaben dafür haben sich vom Jahr 2007, da lagen sie bei achtzig Millionen Euro, auf 130 im Jahr 2008 erhöht, sie sollen weiter steigen und nach dem Willen der Bundesregierung 2010 bei 240 Millionen liegen. Dennoch wird auch das nicht zu einer flächendeckenden »palliativen Kultur« führen. Noch immer werden die Angebote viel zu gering sein, auch die Ausbildung der Ärzte auf diesem Gebiet lässt zu wünschen übrig.

Dabei könnten bei richtiger Behandlung und der nötigen Infrastruktur mehr als neunzig Prozent der Todkranken weitgehend schmerzfrei sterben. Denn nur bei wenigen Menschen schlägt die Schmerztherapie nicht an. Aber auch bei solchen Fällen gibt es eine Möglichkeit, Qualen zu ersparen, die so genannte terminale Sedierung. Dabei wird der Patient – ähnlich wie beim künstlichen Koma – in eine Art Narkose versetzt und spürt so seine Leiden nicht mehr.

Eine sehr humane Methode, die indessen auch ethische Fragen aufwirft: Soll man einen Menschen während der terminalen Sedierung weiter ernähren und mit Flüssigkeit versorgen, er stirbt doch ohnehin? Allerdings würde er beim Absetzen der Versorgung streng genommen nicht an seiner Krankheit sterben, sondern wegen des Abbruchs der Ernährung. Er würde also in Narkose getötet.

Gleichwohl sind im Laufe der letzten Jahre gewaltige Fortschritte in der Schmerztherapie und in der sanften Sterbebegleitung erzielt worden. Der wichtigste aller Fortschritte besteht allerdings darin, dass sich das Bild von der Rolle des Arztes allmählich zu verändern beginnt. Denn zuvor war es zu einer fatalen Entwicklung gekommen: Mit den schier unbegrenzten Möglichkeiten, die die Apparatemedizin geschaffen hat, veränderte sich das Objekt der ärztlichen Kunst. Es war auf einmal weniger der kranke Mensch, sondern die Krankheit selbst. Sie galt es zu besiegen, koste es, was es wolle. War die Krankheit stärker, so galt das als Niederlage für den Arzt. So kam es dazu, dass immer öfter in Krankenhäusern sterbenskranke Menschen fast gewaltsam und manchmal gegen ihren in einer Patientenverfügung niedergelegten Willen am Leben gehalten werden. Ihr Leben wird nicht verlängert, weil es für sie gut ist, sondern weil man es kann.

Der Berliner Arzt Michael de Ridder hat einige solcher Fälle in der Zeitung »Der Tagesspiegel« veröffentlicht. Ein Beispiel: »Ilse S. ist eine 56-jährige Patientin, die mit einem ›ausbehandelten‹ metastasierenden Bronchialkarzinom zu Hause von ihrem Ehemann und einem Pflegedienst versorgt wird. Erst vor wenigen Tagen war sie so weit – nach langen Gesprächen mit ihrem Ehemann und einem Geistlichen –, ihr Sterben annehmen zu können. Seitdem lag eine kurz gefasste Patientenverfügung auf ihrem Nachttisch.

Wenige Tage später wird sie abends plötzlich bewusstlos und atmet nicht mehr. Herr S. ist allein mit ihr. Unterschwellig ergreift ihn Panik, er weiß nicht, was zu tun ist. Er versucht sie zu wecken. Ist seine Frau tatsächlich tot? Hilflos läuft er die Treppe hinunter, um Nachbarn um Beistand zu bitten. Niemand öffnet. Schließlich ruft er die Feuerwehr. Zehn Minuten später erscheint der Notarzt, der, noch ehe Herr S. überhaupt die Krankheit seiner Frau und das Akutgeschehen schildern sowie die Existenz einer Patientenverfügung erwähnen kann, ihn zur Seite drängt und auffordert, in der Küche zu warten und die Tür zu schließen. Derweil beginnt er damit, Ilse S. im Nachbarzimmer wiederzubeleben. Verzweifelt wartet Herr S. in der Küche. Nach einer halben Stunde eröffnet ihm der Notarzt, dass die Reanimation erfolgreich gewesen sei; seine Frau habe Kammerflimmern gehabt, das er durch Elektroschocks erfolgreich behandelt habe.

Tief bewusstlos und künstlich beatmet liefert der Notarzt Ilse S. im Endstadium eines Tumorleidens, jetzt aber wiederbelebt, in die Intensivstation einer Klinik ein. Dort wird sie einer Herzkatheteruntersuchung unterzogen und als Ursache des Geschehens ein ausgedehnter Herzinfarkt diagnostiziert. Vier Tage später wird sie bei anhaltender Bewusstlosigkeit erneut reanimiert. ›Diesmal ohne Erfolg, Gott sei Dank‹, so die bitteren Worte des Ehemanns.«

Dieser Fall ist kein Ausnahmefall. Es sei an der Tagesordnung, schreibt de Ridder weiter, dass Patienten ohne jede Aussicht auf Verbesserung der Lebensqualität diskussionslos mittels nicht indizierter Wiederbelebungsversuche, künstlicher Ernährung und Beatmung traktiert würden. Und er folgert: »Nicht die Frage: Dürfen wir Ärzte mit einer bestimmten Behandlung, etwa der Beatmung oder künstlicher Ernährung eines Patienten, aufhören, ist zu stellen. Vielmehr hat die Frage jeden Tag aufs Neue zu lauten: Dürfen wir noch weitermachen? Ist das, was unserer festen Überzeugung nach gestern noch zum Wohle des Patienten war, auch heute noch zu seinem Guten?«

In der Tat bedarf es bei den Ärzten eines Perspektivenwechsels. Von einem bestimmten Moment an muss es heißen »care not cure«: Noch immer fällt der Gedanke an einen solchen Rollenwandel den meisten Ärzten schwer. Die bei der Hospizbewegung tätigen Ärzte haben diesen Schritt vollzogen. Sie verstehen ihren Beruf nicht mehr ausschließlich unter dem Aspekt des Heilens, sondern unter dem des Helfens – und wenn es eine Hilfe hin zum Tod ist.

Zum Beispiel Joachim von Stackelberg. Er zählt zu den gut dreißig Ärzten in Berlin, die sich zur Gruppe Home Care zusammengeschlossen haben. Sie bieten todkranken Menschen die Möglichkeit, ihre letzten Wochen und Tage in der eigenen Wohnung zu verbringen. Fünfzehn bis zwanzig Personen betreut von Stackelberg. Er besucht sie, er hat Zeit für sie. Mindestens dreißig Minuten pro Besuch nimmt er sich, meist aber bleibt er sehr viel länger. Der erste Besuch ist immer der wichtigste; denn da entscheidet sich, ob das Vertrauensverhältnis entstehen kann, auf dem diese Arbeit gründet. Joachim von Stackelberg versucht so natürlich und normal zu sein, wie er nur kann. Das Hauptthema gleich am Anfang sind meist die Schmerzen. »Da treffe ich oft auf richtig Verzweifelte. Ich mache dann medikamentös etwas. Wenn die Schmerzen zurückgehen, können die Patienten leichter loslassen. Auch die Ängste nehmen ab.«

Manchmal sieht er seine Patienten nur ein paar Mal, ehe sie sterben, manchmal baut sich eine Beziehung auf, die über ein Jahr oder gar zwei reicht. Es sind keine einfachen Beziehungen. Aber er hat gelernt, damit umzugehen. »Nach dem Dienst lege ich mich eine halbe Stunde hin, schüttele den Tag ab. Dann ziehe ich mir andere Sachen an und denke: Jetzt fängt etwas Neues an. Aber ganz hört das natürlich nicht auf.«

Joachim von Stackelberg tut gern, was er tut. Und er tut es schon seit sechs Jahren. Er hat dafür auf eine Karriere verzichtet und auf das Glücksgefühl, das Ärzte oft haben, wenn sie Erfolge sehen, wenn sie Menschen geheilt haben. Er heilt nicht. Stattdessen hat er in seinem Beruf mittlerweile an die 2000 Leichen gesehen. Und wenn er Bereitschaftsdienst hat, dann reißt ihn zwischen 22 Uhr und sieben Uhr morgens mindestens jede zweite Nacht das Telefon aus dem Schlaf. »Das macht mürbe«, sagt er, »ich komme an meine Grenzen.« Aber er weiß auch, warum er das trotzdem macht. Weil er es will. Weil es seinen Vorstellungen vom Beruf des Arztes am nächsten kommt.

Der Zusammenbruch

Tanner hält das Warten nicht mehr aus
und bekommt einen schrecklichen Anruf

Noch vierzehn Tage bis zum 19. Februar.

Der schwarze Range Rover steht nicht mehr vor dem Haus. Tanner hat ihn verkauft. Jetzt fährt er einen silbernen Opel. Es ist ein Leihwagen. Für die letzten vierzehn Tage. Tanner hat angefangen, die allerletzten Dinge zu regeln.

»In vierzehn Tagen bin ich tot.« Er schaut auf die Uhr, die auf dem Sideboard steht. Heute darf sie wieder schlagen, alle halbe Stunde dreißig Minuten abgelaufene Lebenszeit verkünden. Es ist kurz nach 15 Uhr. »Um diese Zeit bin ich dann tot«, sagt Tanner. Um 11 Uhr hat er sich einzufinden bei »Dignitas« in der Sterbewohnung. »Ich glaube, dann geht alles sehr schnell«, sagt er, »und das möchte ich auch. Ich wüsste nicht, warum das länger dauern sollte und was es da noch zu reden gäbe. Also bin ich in vierzehn Tagen um 15 Uhr schon tot.«

Er sei jetzt im Reinen mit sich, sagt Tanner. Alles ist organisiert. Höchstens, dass er noch einmal mit Gerald seine Wohnung im Detail durchgehen müsste. Damit der auch genau über alles Bescheid wisse, wie die elektrischen Leitungen verlaufen zum Beispiel. Er erbt die Wohnung ja. Ansonsten ist alles geregelt. Besonders die Reise nach Zürich. Einer wie Tanner überlässt nichts dem Zufall. Am Sonntag, dem 17. Februar, wird er mit Gerald und Max in die Schweiz fahren. Mit dem Auto natürlich, Tanner fährt nicht gerne mit der Bahn. Er wird so zeitig aufbrechen, dass

120

er noch bei Helligkeit in Zürich ankommt. Die Zimmer für die Übernachtungen hat er schon bestellt, ein Hotel gleich hinter dem Bahnhof, zentral gelegen, ein Zimmer für die Freunde, eins für sich. Den Montag haben sie dann ganz für sich. Man könne ein bisschen durch die Stadt bummeln, Max kenne Zürich ja noch gar nicht, vielleicht würden sie auch am Zürcher See spazieren gehen, wenn das Wetter mitmache. Natürlich könne er heute noch nicht sagen, in welcher Verfassung er dann sein werde. Vielleicht wolle er überhaupt niemanden sehen, nur auf dem Bett liegen, die Decke des Hotelzimmers anstarren. Vielleicht wolle er noch bei dem anonymen Friedhof vorbeischauen, auf dem seine Eltern begraben sind. Er habe ja viel Zeit, der Termin beim Arzt am Montag sei ja erst für 19 Uhr angesetzt. Theoretisch könnte er natürlich auch erst an diesem Tag von Köln abfahren. Bis 19 Uhr seien sie gewiss in Zürich. Aber er wolle nichts riskieren. Weiß Gott, was alles passieren könne, ein plötzlicher Wintereinbruch auf der Autobahn, er habe das nicht erst einmal erlebt, oder eine Panne, nein, bei einer solch lebenswichtigen Fahrt – Tanner sagt tatsächlich »lebenswichtig« – müsse man sich vorsehen. Lieber zu viel Zeit als zu wenig.

Die Fahrt in den Tod. Graut Ihnen davor nicht, Tanner?

Es werde »sicher keine Vergnügungsfahrt«, sagt er, man könne sich angenehmere Reisen vorstellen. Aber es graut ihm nicht davor, und er empfindet auch keine Angst. Im Prinzip weiß er, was ihn am Todestag erwarten wird. Ein kleiner Ort, vielleicht zwanzig Minuten außerhalb von Zürich, Schwerzenbach, ein Gewerbegebiet, ein Industriebau, in dem sich eine Zwei-Zimmer-Wohnung befindet, ein Aufenthaltsraum und das Sterbezimmer. Ein Bett, vermutet er, werde darin stehen, ein Sessel, vielleicht noch ein paar andere Möbelstücke.

Es sei ihm eigentlich ganz gleichgültig, wie es dort aussehe, ob da Bilder an der Wand hingen, ob es da schöne Tapeten oder bunte Vorhänge gebe, sagt Tanner. Das sei in dieser Situation vollkommen unwichtig. Er würde jederzeit auch im Auto sterben, wie das zwei Deutsche Ende 2007 auf einem Waldparkplatz bei Zürich getan hatten. Im Grunde sei das eigene Auto oder Wohnmobil doch viel persönlicher als ein fremdes Zimmer. Egal, sagt er, es gehe sowieso nur darum, dass ihm endlich geholfen würde, alles andere sei zweitrangig. Die Debatte, wie würdig dieses Sterben sei, werde ohnehin nur von Leuten geführt, die vom Sterben unendlich weit entfernt seien. Wie würdig oder unwürdig das sei, das könne niemand von außerhalb bestimmen, sondern immer nur die einzelne betroffene Person. Manchmal sei er regelrecht zornig über die Politiker, die Ärzte, die Pfarrer, die bestimmen wollten, was hier richtig und falsch sei. Er habe einige der Talkshows zum Thema Sterbehilfe gesehen. Er finde das Gerede anmaßend. »Keiner kennt meine Schmerzen, keiner kennt mich«, sagt Tanner.

Es läutet an der Tür. Gerald ist gekommen. Er war gerade in der Nähe, will nur kurz nach dem Freund sehen. Er tut das öfter in letzter Zeit.

Tanner erzählt, er habe gerade vom 19. Februar gesprochen, von der Sterbewohnung und darüber, dass er sich auch vorstellen könne, seine letzte Stunde in einem Wohnmobil zu erleben.

Gerald wird hellhörig. Das sei doch eine wunderbare Idee, sagt er. Das große Wohnmobil hätten sie ja leider schon vor geraumer Zeit verkauft, aber es sei kein Problem, schnell ein kleineres zu besorgen. Also, er finde das viel persönlicher als so eine Wohnung im Industriegebiet. Gerade für sie mit ihrer engen Beziehung zum Campen.

»Mir wär's egal«, sagt Tanner. »Hauptsache mir wird geholfen.«

»Dann machen wir das doch mit dem Wohnmobil«, sagt Gerald, er ist mit Eifer bei der Sache. Man könne es gewiss vor dem Haus, in dem die Sterbewohnung liegt, an den Straßenrand stellen.

»Aber was machst du anschließend damit?«, wendet Tanner ein. »Willst du mit dem dann in Urlaub fahren, obwohl du weißt, ich bin in dem Bett gestorben? Du müsstest doch immer dran denken.«

»Weiß ich auch nicht, aber verkaufen würde ich das Wohnmobil bestimmt nicht. Also, das könnte ich nicht.«

»Nein, nein, wir lassen das jetzt«, Tanner wird ganz bestimmt, »das mit dem Wohnmobil kommt nicht in Frage, wir machen das so, wie ich es geplant habe.«

Gerald lacht jetzt ein bisschen, es ist ein gequältes Lachen. Womöglich hat er die Sache mit dem Wohnmobil gar nicht ernst gemeint. Er sucht nur ständig nach Gelegenheiten, wie er Tanner doch noch auf andere Gedanken bringen kann, abbringen von seinem tödlichen Entschluss.

»Dieser 19. Februar«, fängt er noch einmal an, »dieses Geplante, das ist doch grausig. Warum kann man denn nicht einfach sagen: So, jetzt ist es so weit, jetzt möchte ich sterben? Es ist fürchterlich, es ist absolut fürchterlich, dass man das so vorbereiten muss, dass man nicht bis zuletzt warten kann.«

»Finde ich auch«, sagt Tanner in seiner ruhigen, manchmal ein bisschen steifen Art, »natürlich wäre es mir am liebsten, ich könnte das bei mir zu Hause machen und könnte sagen, so, jetzt will ich es, jetzt will ich sterben. Aber das geht in Deutschland eben nicht. Es gibt nur diesen Weg in die Schweiz.«

»Aber was werden wir denn da in Zürich machen? Das sind ja noch zwei Nächte. Wie schläfst du diese zwei Nächte?«

»Wahrscheinlich gar nicht.«

»Zwei Nächte, zwei Tage«, beginnt Gerald von neuem, »ich würde wahnsinnig werden an deiner Stelle. Ich würde mich für nichts mehr interessieren, ich würde auch mein Leben nicht mehr in Gedanken vor mir ablaufen lassen wollen. Mitnehmen kann ich die Gedanken eh nicht.«

»Doch, das denke ich schon, dass man die Gedanken mitnimmt.«

»Ach«, Gerald sieht seinen Freund konsterniert an.

»Ja, ich glaube, dass man die Erinnerungen ans Leben mitnimmt, wenn man tot ist, dass man davon zehren kann.«

Gerald schaut mit zunehmender Verblüffung auf Tanner. »Das ist ja ganz was Neues, Ulrich. Das habe ich noch nie gehört von dir. Glaubst du etwa auf einmal, dass es nach dem Tod noch etwas gibt?«

»Ich weiß natürlich auch nicht, wie das ist. Ob ich da meinen Eltern wieder begegne, ob ich da sehen kann, wie das Leben auf der Erde weitergeht. Natürlich glaube ich nicht, dass ich auf einer Wolke sitze und Harfe spiele. Aber ich glaube schon, dass sich beim Sterben etwas vom Körper löst, ein Fluidum, die Seele, der Geist, was weiß ich.«

»Interessant – also, das hätte ich nicht von dir gedacht.«

124

»Ich glaube einfach nicht daran, dass der Geist im Krematorium verbrennen kann.«

»Nein, Ulrich, hör doch auf damit. Das sind doch alles nur Illusionen, weil sich die Menschen das Nichts halt nicht vorstellen können.«

»Im Grunde«, sagt Tanner, »ist es für mich egal. Das einzige Sichere, was ich weiß, ist, dass es mir nachher besser gehen wird. Dass ich die Schmerzen nicht mehr habe, dass die Quälerei ein Ende hat.«

Es war nicht das einzige Gespräch, das die beiden Freunde in diesen Tagen miteinander hatten. Lange und immer wieder sprachen sie über ihre Trennung und Wiederannäherung. Es waren versöhnliche Gespräche, weil sie spürten, dass etwas geblieben war, überdauert hatte. Und dass sie das verband. Aber es waren auch traurige Gespräche, weil Gerald fühlte, dass sich sein Freund bei aller Nähe zugleich von ihm entfernte: Er begann ihn an den Tod zu verlieren. Und so endeten die Gespräche stets auf dieselbe Art. Gerald konnte und wollte nicht von dieser einen Frage lassen: Ob Tanner es sich nicht doch noch überlegen könne? Er werde alles für ihn tun, er werde ihn pflegen und immer bei ihm sein. Tanner wurde dann immer wortkarg und gab die Antwort, die der Freund schon hundert Mal gehört hatte: nein, nein, nein.

Noch zehn Tage.

»Er ist wieder da«, sagt Tanner, »ich spüre es ganz genau.« Er meint den Darmkrebs. Der gleiche Schmerz wie vor eineinhalb Jahren. Gerade war er auf der Toilette. Blut, viel Blut. Tanner hat Angst. Nur noch zehn Tage – aber wird er es bis dahin schaffen? Er hat wieder dieses Schmerzgesicht, diesen Schmerzmund. Dabei kann er einiges vertragen, was Schmerzen angeht. Nur bei Zahnschmerzen, da war er sein Leben lang wehleidig. Aber ansonsten ist Tanner hart. Gegen sich. »Manchmal komme ich mir vor wie ein Pferd. Da kannst du draufhauen, wie du willst. Das halte ich aus.«

Aber heute fällt es ihm schwer. »Verdammt nochmal«, sagt er, und er wird das in den nächsten Stunden immer wieder sagen, »alle haben mir eingeredet, ich solle noch warten, ich würde die Reise in die Schweiz viel zu früh machen – und jetzt bin ich vielleicht zu spät dran.«

Tanner ist ungeduldig, »dabei habe ich sonst eine Eselsgeduld«. Aber die Zeit vergeht einfach nicht. Oft liegt er auf seiner Couch im Wohnzimmer und wartet darauf, dass die Uhr ihre halben Stunden schlägt. Er wartet und wartet. Die Zeit steht still. Er versucht dann zu lesen, einen der Brunetti-Krimis von Donna Leon hat er gerade angefangen. Früher hat er diese Romane verschlungen, jetzt ist er schon nach zwei Seiten zu müde dazu. Er liest und versteht nicht, was er liest. Er kann sich nicht mehr konzentrieren. Manchmal nickt er kurz ein, aber meistens liegt er wach. »Ich vegetiere nur noch dahin.« Die zehn Tage sind ihm viel zu lang.

Die zehn Tage sind aber auch viel zu kurz. Unheimlich kurz geradezu. Denn manchmal sitzt Tanner da und denkt, es ist vorbei, gleich ist es vorbei, verdammt nochmal, dieses ganze, ganze Leben ist in zehn Tagen vorbei. Dann fließen ihm Tränen aus den Augen, er sieht sich in seiner Wohnung um, und dann kommen die Tränen wie Sturzbäche. Alles hat er so schön gemacht hier, so ausgeklügelt, kein Detail dem Zufall überlassen. Alles genau so, wie er es wollte. Er hat sich immer so gefreut an seiner Wohnung, konnte stundenlang dasitzen und die Bilder ansehen, die Möbel, die Dekorationsfrüchte, die Lilien, und er hat die Beruhigung gespürt, die ihm dieser Raum schenkte. Und jetzt soll es damit zu Ende sein, in zehn Tagen, einfach zu Ende?

So ist es mit allem, was ihm früher Freude gemacht hat. Wein trinken, Sekt trinken, essen gehen, Essen kochen. Vorher hat er jeden Tag gekocht, manchmal zweimal am Tag. Jetzt isst Tanner nichts mehr außer seinen Joghurts. Höchstens hie und da mal ein paar Bissen, wenn er zu den drei Schwestern in die Pizzeria geht. Aber es schmeckt ihm nicht mehr richtig, wahrscheinlich auch deshalb, weil die Schwestern immer noch nichts von seinem Sterbeplan wissen.

Die meisten Tränen kommen Tanner, wenn er ans Reisen denkt. Dass es für ihn nur noch eine geben wird, die Reise nach Zürich, die letzte Reise. Dabei hat er noch so viel vorgehabt. Wenigstens die große Skandinavien-Tour hätte er noch gerne gemacht. Seit langem schon hat er sie ausgearbeitet, akkurat geplant, wie es eben die Tanner-Art ist. Oder Chile, auch so ein alter Wunsch. Einmal wenigstens nach Südamerika. Oder Tibet. Gerade hat er im Fernsehen einen Bericht über die neue Eisenbahnstrecke gesehen, die auf 5000 Meter führt. Das hätte er sich gerne in der Wirklichkeit angeschaut.

»Stattdessen sitze ich hier und gucke mir den heiligen Sebastian an«, sagt Tanner, und seine finstere Stimmung verdunkelt sich noch mehr.

Neulich hat er einen Traum gehabt. Er war schon in Zürich in diesem Traum, es war der Abend vor seinem geplanten Tod. Um 19 Uhr sollte er bei dem Arzt sein, der ihm das Natrium-Pentobarbital verschreiben würde. Aber Tanner fand diesen Arzt nicht, er irrte durch die Straßen von Zürich, verlief sich in der Stadt, in der er doch aufgewachsen war, verlor die Orientierung. Alles schien ihm so fremd, als hätte er es noch nie gesehen. Und er geriet in den Sog einer schrecklichen Panik: Der Arzt wartet, er kann ihn doch nicht warten lassen. Was, um Himmels willen, würde passieren, wenn er den Weg nicht fände? Sein ganzer Plan, der Tanner-Plan, den er nun seit eineinhalb Jahren verfolgte, wäre zunichte. Durch eine Kleinigkeit bloß, durch eine Dummheit. Alles hatte er richtig gemacht, Monat für Monat, Tag für Tag, und jetzt diese plötzliche Verwirrung. Ein Albtraum. Tanner wachte entsetzt auf.

Er hat eine Erklärung dafür. Der Traum bedeute, dass er immer noch Angst davor habe, das mit dem 19. Februar könne nicht klappen, dass etwas Unvorhersehbares dazwischen komme, dass er die Schmerzen nicht mehr aushalte und ins Krankenhaus müsse. Oder dass – er habe von dieser Angst noch zu niemandem etwas gesagt – dass dieses besagte Natrium-Pentobarbital bei ihm womöglich gar nicht wirken würde. Er vertrage doch so viele Medikamente nicht, sei bekanntlich gegen manche sogar resistent. Nicht auszudenken, wenn der Todestrunk bei ihm nicht zum Tode führe. Natürlich sei diese Angst höchstwahrscheinlich unbegründet. Sie sei in den vergangenen Tagen aber immer öfter aufgetaucht. »Ich bin unruhig, ich weiß auch nicht, was mit mir los ist. Dabei habe ich eigentlich gedacht, in diesen letzten Tagen werde eine große Ruhe einkehren, eine große Klarheit. Weil jetzt eben alles geregelt ist, es gibt keine Überraschungen mehr, der Weg ist vorgezeichnet. Und jetzt diese Unruhe. Ich verstehe das nicht.«

Tanner macht oft Pausen beim Reden, die Stimme ist

nicht nur müde, sie hat einen klagenden, kläglichen Ton, und seine Augen schauen krank und matt aus dem Gesicht. Es ist ein Stück Verzweiflung in ihm, kein kleines Stück. Es ist ihm alles zu viel jetzt, man merkt es an den Sprechpausen. Sie werden immer länger, draußen ist es wieder dunkel geworden. Manchmal redet Tanner so leise, dass er kaum zu verstehen ist, ein Flüstern eher. Er fängt noch einmal an von diesem unerträglichen Warten, von der Zeit, die nicht vergehen will. Natürlich, er könne Freunde anrufen, die würden auch sofort kommen, sich um ihn kümmern. Genau das aber will er nicht, er will allein sein. Er verträgt so viele Leute nicht mehr. »Eigentlich kann ich nicht mehr. Ich kann schon lange nicht mehr, längst nicht mehr. Ich habe nur immer versucht, das vor Ihnen zu verbergen.«

Tanner starrt in die Dunkelheit.

Er hat aufgehört zu sprechen. Fünf Minuten, zehn Minuten, er sagt kein Wort mehr.

Tanner, wir können Schluss machen für heute. War lange genug. Man soll die Kräfte nicht überstrapazieren.

»Ja«, sagt er, »Schluss machen, das wäre gut.«

Nur eins wolle er noch sagen. Ein zweites Mal würde er es nicht mehr so machen. Er habe mit seiner ursprünglichen Idee wohl doch nicht falsch gelegen: einfach weggehen, niemandem etwas davon sagen. Das habe er jetzt davon, dass er dem Rat von »Dignitas« gefolgt sei: Andauernd riefen die Leute an, kämen vorbei, wollten wissen, wie es ihm gehe, ob er etwas benötige, ob sie helfen könnten. Andauernd müsse er sich mit ihnen und ihren Fragen auseinandersetzen. Das gehe über seine Kräfte, eigentlich schon lange. Aber jetzt sei es endgültig zu viel. Er wolle nicht mehr, er wolle niemanden mehr sehen.

Tanner, wir machen Schluss für heute.

»Nicht nur für heute. Es tut mir leid, es geht nicht gegen Sie persönlich, aber besuchen Sie mich bitte nicht mehr.«

Noch neun Tage.

Noch acht Tage. Das Telefon klingelt. Tanner ist am Apparat. Er ist aufgeregt. Er müsse dringend reden, es sei etwas geschehen, etwas Unglaubliches. »Dignitas« habe angerufen, man könne die Sterbebegleitung nicht machen. Alle seine Ängste seien wahr geworden. Ob man ihn nicht ganz schnell besuchen könne?

Bei der Ankunft des Besuchers am Tag darauf ist Tanner immer noch außer sich. Angst steht in seinem Gesicht, er ist bleich, unrasiert, er sieht übernächtigt aus, als habe er keinen Augenblick geschlafen in der vergangenen Nacht. »Das darf nicht sein«, sagt er, »ich glaube, ich bin in einem schlechten Film.« Und dann berichtet er.

Die Frau von »Dignitas« habe angerufen und später auch Ludwig Minelli, der Vereinsvorsitzende. Der Kantonsarzt, die oberste Gesundheitsbehörde von Zürich, habe der bisherigen Praxis der Sterbehilfeorganisation einen Riegel vorgeschoben. Von nun an genüge es nicht mehr, sich nur einmal persönlich dem Arzt vorzustellen, der das Natrium-Pentobarbital verschreibe. Das, hieß es nun plötzlich, verstoße gegen die ärztliche Sorgfaltspflicht. Der Arzt müsse ab jetzt den Sterbewilligen mehrmals vor der Rezeptausstellung gesehen haben. Andernfalls drohe ihm der Entzug der Zulassung. Der Sterbetermin am 19. Februar könne somit nicht stattfinden.

»Ich weiß nicht mehr vorwärts und rückwärts«, sagt Tanner, »wie soll's jetzt weitergehen? Das kann man nicht mit mir machen. Das ist doch nicht wie ein abgesagter Zahnarzttermin. Hier geht es doch um Leben und Tod, seit Monaten lebe ich auf dieses Datum hin. Und jetzt sagt diese Gesundheitsbehörde plötzlich stopp. Warum sind die so rücksichtslos? So kann man nicht mit Menschen umgehen.«

Ulrich Tanner sieht krank aus. Er hat sich mit Alkohol zugeschüttet vergangene Nacht und dazu noch Schlaftabletten genommen. Sein Kopf schmerzt noch stärker als gewöhnlich.

»Dignitas« wolle Einspruch einlegen gegen die neue Verfügung, berichtet Tanner weiter, mit dem Kantonsarzt verhandeln, damit wenigstens diejenigen, die schon einen Sterbetermin hätten, noch nach den alten Bestimmungen zum Tod begleitet werden dürften. Weil es unmenschlich sei, ihnen diesen Termin zu rauben. Aber keiner wisse natürlich im Moment, ob solche Verhandlungen überhaupt stattfinden würden und ob sie schnell zustande kämen, noch vor dem 19. Februar, und ob sie überhaupt erfolgreich sein könnten.

Und dann hat die Sterbehilfeorganisation in Tanners Ratlosigkeit noch etwas hineingesagt: dass es da noch eine andere Möglichkeit gebe, die Helium-Methode nämlich. »Dignitas« habe sie noch nie angewendet und wolle sie eigentlich auch nicht anwenden, wegen der Gefahr der Nachahmung und weil man keine Erfahrung damit habe. Die Sache selbst sei allerdings nicht allzu schwierig: Man müsse reines Helium-Gas einatmen, nach wenigen Atemzügen verliere man das Bewusstsein, und kurze Zeit danach trete durch den Sauerstoffmangel ein sanfter Tod ein. »Dignitas« wolle zum Einatmen eine Maske verwenden, die man sich selbst über den Kopf ziehen müsse, damit die Tatherrschaft beim Sterbewilligen selbst bleibe.

Tanners Ratlosigkeit ist dadurch nicht kleiner geworden. Er weiß nicht, ob er das mit dem Helium wagen soll. Es gruselt ihn. Und er hat Angst: Wenn das Gas zu früh abgestellt würde, hätte das furchtbare Folgen, würde zu schwersten Hirnschädigungen führen. Außerdem ist die Methode für Begleitpersonen manchmal schrecklich. Der Körper des Sterbenden kann von spastischen Zuckungen geschüttelt werden, nicht immer ist das so, aber es kommt vor. Das sieht nach einem heftigen Todeskampf aus, von dem der Ohnmächtige angeblich jedoch nichts erlebe.

Tanner möchte das nicht, will es besonders seinen Freunden nicht zumuten, die ihn begleiten. Aber auf der anderen Seite kann er doch nicht warten, bis sich die Gesundheitsbehörde äußert und mitteilt, wie der neue Verfahrensweg aussehen soll. Bis entschieden wird, wie oft er sich jetzt nach der neuen Lage dem Arzt vorstellen muss – zweimal, dreimal, niemand weiß das – kann es Monate dauern. »Ich habe die Zeit nicht mehr, sie rennt«, sagt Tanner, es ist fast ein Flüstern.

Er geht ins Schlafzimmer, wo der Computer steht, und holt ein paar Blätter aus dem Drucker. Er hat E-Mails aus der Schweiz bekommen, Informationen über die Helium-Methode. Aber die Lektüre hilft ihm auch nicht weiter. Er ist in einer Sackgasse, es gibt kein Entkommen.

Natürlich könnte er jetzt zum Äußersten greifen, Gewalt gegen sich anwenden, vom Hochhaus springen, sich vor einen Zug werfen. Aber das kommt für ihn nicht in Frage. Ihm graut vor so etwas. Und er möchte das auch nicht anderen zumuten, die davon in Mitleidenschaft gezogen würden. Aber etwas anderes gehe ihm jetzt im Kopf herum, er habe in den vergangenen Jahren immer wieder Schlaftabletten gesammelt, dieses Rohypnol, das er manchmal nachts nahm, fünfzig bis sechzig Tabletten habe er mittlerweile gebunkert. Natürlich wisse er, dass man sich damit nicht das Leben nehmen könne. Aber es gebe da eine andere Methode: in die Berge fahren, hoch auf einen Gletscher, wo Minustemperaturen herrschen, leicht bekleidet Schlaftabletten nehmen, ein paar Schluck Alkohol noch dazu. Man würde einschlafen, erfrieren und nichts davon merken.

Und wenn Sie jemand vorzeitig findet, Tanner? Dann leben Sie als Krüppel weiter, die erfrorenen Gliedmaßen amputiert. Um Himmels willen, machen Sie das bloß nicht.

»Nein«, sagt Tanner, »aber es geht mir eben im Kopf herum. Als allerletzter Ausweg, als Hintertür.«

Dann sackt er wieder in sich zusammen, weil er weiß, dass das gar nicht wahr ist: Erfrieren ist kein letzter Ausweg, er würde das nicht machen, niemals. Zu grauenhaft ist ihm die Vorstellung.

»Und jetzt? Man könnte nur in der Ecke sitzen, heulen und darüber sinnieren: Warum das jetzt?«

Wut steigt in ihm jetzt hoch, Wut wie kaum je in seinem Leben, Empörung über das eigene Schicksal. Alle Nüchternheit ist dahin, die kühle, blaue Rationalität nützt nichts mehr. Tanner, der stets alles unter Kontrolle haben muss, spürt, dass er die Kontrolle verloren hat. Andere entscheiden über ihn, über sein Leben, über seinen Tod. Sie verfügen etwas – aber in Wirklichkeit verfügen sie über ihn. Sie schreiben einen Erlass auf ein Stück Papier, der Sorgfaltspflicht wegen, um Menschen vor übereilten Entscheidungen zu schützen – aber in Wirklichkeit tun sie damit einem Menschen etwas an, einem Menschenleben. Tanner hat jetzt wieder Tränen in den Augen, diesmal sind es Tränen der Wut.

»Ich weiß nicht, womit ich das verdient habe«, fährt es aus ihm heraus, es ist, als wollte er schreien, und bringt doch nur ein gekrächztes Flüstern zustande. »Ich habe bestimmt Fehler in meinem Leben gemacht und mich manchmal vielleicht auch nicht schön verhalten. Aber das habe ich nicht verdient. Ich war doch immer hilfsbereit, habe mich immer um die anderen gekümmert, ihnen Geld gegeben, wenn sie in Not waren. Ich hatte es ja. Und ich habe mein Leben lang gedacht, wenn man anständig war, dann kriegt man dafür etwas, das bekommt man dann zurück. Aber jetzt bekomme ich nichts, stattdessen passiert mir so etwas. Warum nur? Ich kann das nicht begreifen. Warum geschieht das, warum geschieht das mir?«

Tanner ist so heftig geworden wie noch nie, er atmet schwer und fällt in ein langes Schweigen. Er sitzt am Tisch, den Kopf in beide Hände gestützt. Er sitzt jetzt nicht mehr aufrecht und steif wie bei all den Gesprächen zuvor. Er hat die Kontrolle verloren. Die Uhr schlägt, niemand achtet darauf. Sonst ist es still im Wohnzimmer, auch von draußen kommt kein Geräusch herein.

»Es hilft nichts«, sagt er, »ich muss warten.«

Vielleicht verändert der Einspruch der Schweizer Organisation doch noch etwas. In zwei Tagen, haben sie gesagt, wollten sie Bescheid geben. Tanner sieht nicht so aus, als würde er große Hoffnungen darauf setzen.

Und dann ist am Samstag ja auch noch der Abschiedsabend mit seinen Freunden geplant. Zwölf Personen sind eingeladen. Soll Tanner jetzt absagen? Er weiß es nicht. Er weiß nichts in diesem Moment. Und er hat keine Kraft mehr. Längst nicht mehr. Er will schlafen jetzt, er wird eine Tablette nehmen.

»Danke, dass Sie gekommen sind«, sagt er.

Zwei Tage später ist er wieder am Telefon. Er habe gerade mit der Schweizer Organisation gesprochen. Es gebe noch nichts Neues. Der Einspruch sei bisher ohne Reaktion geblieben. Er warte weiter. Es sei furchtbar. Er warte und warte. Er habe nie gedacht, dass der Weg zum Tod so schwer zu finden sei.

Zwei weitere Tage vergehen, dann ist Tanner erneut am Telefon. Der Kantonalsarzt in Zürich schweigt immer noch. Tanner hält das Warten nicht mehr aus, darum hat er jetzt einen Entschluss gefasst. Wenn die nicht handeln, dann muss er es tun. »Ich mache es mit Helium«, sagt er, »nicht gerne, aber ich mache es.« Die Schmerzen seien noch heftiger geworden, die Blutungen stärker. »Ich mache es, ich muss es machen.« Man hört, wie schwer ihm die Worte fallen.

In drei Tagen, am Sonntag um elf Uhr beginnt die Reise nach Zürich. Gerald wird ihn begleiten, wie geplant, und Max auch. Damit Gerald nicht allein zurückfahren muss. »Sie können mitfahren, wenn Sie wollen«, sagt Tanner.

Ein Dorf bei Zürich

Tanners Zuflucht: »Dignitas«
und die Würde des Sterbens

Kaum zu glauben, dass sich hier auf der Höhe über Zürich, in diesem freundlichen Hügelland oberhalb des blauen Sees etwas verbirgt, das die Menschen uneins macht wie wenig anderes. Das die einen für die Zentrale des Teufels halten und die anderen für den Ort ihrer Erlösung. Es ist das Büro, mit dem Ulrich Tanner in den vergangenen Wochen und Monaten immer wieder telefoniert und korrespondiert hat, das Büro von »Dignitas«. Ein unauffälliges Gebäude oben auf der Passhöhe der Forch, ein paar Kilometer südöstlich von Zürich. Hier hat die Sterbehilfeorganisation im Erdgeschoss Räume angemietet. 15 Personen sind bei »Dignitas« tätig, für die Büroarbeit, für die Telefonberatung, für die Sterbebegleitung. Sie sprechen neben Deutsch auch Englisch, Französisch, Spanisch und Italienisch. Das sind die Sprachen, die am meisten verlangt werden. Die Anrufe kommen aus der ganzen Welt.

Es ist sehr selten, dass sich ein Besucher hierher verirrt, der wissen will, wie es bei diesem so heftig umstrittenen Verein wirklich zugeht. Dabei sind die Mitarbeiter äußerst entgegenkommend und gerne zu einem Gespräch über ihre Arbeit bereit. Eine von ihnen ist Petra Keller, eine Deutsche, die schon seit mehr als zwanzig Jahren in der Schweiz lebt.

Wenn Petra Keller ihre Arbeit getan hat, fährt sie mit dem Auto die paar Kurven hinunter zum Zürichsee. Dann setzt sie sich auf eine Bank, raucht eine Zigarette, manchmal auch zwei, und lässt ihre Gedanken fließen. Einfach nach Hause gehen, das könnte sie nicht. Einfach nach Hause, als wäre nichts geschehen. Petra Keller ist Ende vierzig und Sterbebegleiterin bei »Dignitas«. Seit dem Mai 2005.

Mit dem Sterben hat sie eigentlich schon immer zu tun gehabt, ganz am Anfang bereits, als Schwesternschülerin. Es war am ersten Tag ihrer Ausbildung zur Krankenschwester, da fand sie ein Bett in einer Abstellkammer der Klinik. In diesem Bett lag eine Sterbende. So etwas war damals keine Ausnahme in Krankenhäusern. Wenn sich der Tod ankündigte, wurden die Betten oft aus den Mehrbettzimmern geschoben und einfach dort abgestellt, wo gerade Platz war, in irgendwelchen Kammern, in Badezimmern, manchmal auch einfach auf dem Flur. Petra Keller wusste das damals nicht und war schockiert, als sie die Sterbende fand. Und womöglich noch schockierter darüber, dass die Kranke ganz allein sich selbst überlassen war. Also blieb sie bei ihr und wich ihr nicht mehr von der Seite, sie hielt ihre Hand, bis sie gestorben war. »Da wusste ich, dass ich stark genug bin, den Tod auszuhalten.«

Sie hat dieses Wissen noch oft brauchen können in ihrem Beruf, als Stationsschwester im Krankenhaus, später als Leiterin eines Alten- und Pflegeheims. »Dort habe ich gelernt, dass mir Sterbebegleitung eine tiefe innere Zufriedenheit schenkt.«

Zugleich hat Petra Keller gelernt, was Hilflosigkeit ist. Wenn sie vor den Betten Todkranker stand, ihre Schmerzensschreie hörte, ihre flehenden Blicke sah: Helfen Sie mir, Schwester, geben Sie mir etwas, damit ich sterben kann. Und wenn sie dann die Ärzte, meist vergeblich, um eine Erhöhung der Morphiumdosis bat, dann verzweifelte sie an ihrer Hilflosigkeit, an der Unfähigkeit, helfen zu können.

Ein Autounfall änderte ihr Leben, in ihrem Beruf als Krankenschwester konnte sie fortan nicht mehr arbeiten. Aber sie begriff diesen Schicksalsschlag als Chance und meldete sich bei »Dignitas«. Jetzt begleitet sie vier bis sechs Mal im Monat zum Sterben Entschlossene in den Tod, ist in den letzten Stunden an ihrer Seite und stellt ihnen das Glas mit dem tödlichen Natrium-Pentobarbital auf den Tisch. »Ich habe noch nie eine Tätigkeit ausgeübt«, sagt sie, »bei der ich so viel Dankbarkeit bekomme.«

Auch Eveline Bhatt arbeitet seit etwa drei Jahren bei »Dignitas«. Sie macht keineswegs den Eindruck, als habe sie tagein, tagaus mit dem Sterben zu tun. Die Dreißigjährige hat eine auffallend fröhliche Ausstrahlung, trägt goldene Ohrringe, einen Glitzerstein auf der Nase und einen zweiten über der Oberlippe. Sie macht nicht so oft Begleitungen wie ihre Kollegin, nur ein bis zwei Mal im Monat. Ihre Hauptarbeit ist der Telefondienst, »und das«, sagt sie, »ist auch die Hauptarbeit von ›Dignitas‹«.

Auch sie ist über persönliche Erfahrungen zur Sterbehilfeorganisation gekommen. Ihr Großvater starb einen harten und jämmerlichen Tod, ganz nah und intensiv hat Eveline Bhatt das mitbekommen und sich gefragt: Muss das so sein? Kurz danach erlebte sie zwei Suizide im engeren Bekanntenkreis. Einer davon hat sie besonders aufgewühlt: ein schwerkranker Mann, er hatte sich im eigenen Haus erhängt, seine Kinder fanden ihn. Wieder fragte sich Eveline Bhatt: Muss das so sein?

Es war ein Zufall, dass sie damals in einer Zeitschrift einen Artikel von Ludwig Minelli las. Dieser Artikel gab ihr die Antwort auf ihre Fragen. Also gab sie ihren Beruf als kaufmännische Angestellte auf und begann, auf der Forch zu arbeiten, jener Anhöhe über dem See, wo Minelli wohnt und »Dignitas« seine Büros hat. Eveline Bhatt sitzt jetzt dem Besucher gegenüber im Besprechungszimmer an einem großen, ovalen Tisch, auf dem eine blaue Decke liegt. Hunderte von Aktenordnern in verschiedenen Farben sind in diesem Raum aufbewahrt. Die hellvioletten Ordner enthalten die Namen und Dokumente derer, die bei »Dignitas« gestorben sind. Die 15 Personen, die hier arbeiten, sind alle in Teilzeitstellen. Vielleicht auch deshalb, weil es zu belastend wäre, sich über die volle Arbeitszeit mit dem Thema zu beschäftigen, das hier seinen Ort hat.

Eveline Bhatt, wie gesagt, sieht nicht so aus, als würde sie an diesem Arbeitsplatz leiden, sie lacht viel, und sie sagt, dass das Lachen zu ihrem Verständnis von Sterbebegleitung gehöre. Sie möchte, dass auch in diesen ernsten Stunden Momente einer Entspanntheit, ja Heiterkeit entstehen. Das war schon beim ersten Mal so. Vier Wochen hatte sie davor nur Büroarbeit gemacht, dann aber wollte sie dabei sein, wissen, wie sie den Augenblick des Sterbens erträgt. Sie hatte keine Angst davor, zumal bei »Dignitas« seit einiger Zeit immer zwei Sterbehelfer anwesend sind, einer, der sich vorwiegend um die Menschen kümmert, ein anderer, der um die Verwaltungssachen besorgt ist, die Papiere, die Meldung bei der Polizei, den Umgang mit den Behörden.

Ihr erster Fall, erzählt Eveline Bhatt, war eine ältere Dame, sie hatte Zungenbodenkrebs. Die Zunge war bereits amputiert, und die Kranke kommunizierte mit ihren Angehörigen schriftlich. Sie hatte schon im Sterbezimmer Platz genommen, als sie plötzlich ein Stück Papier verlangte, etwas darauf schrieb und das Blatt ihrem Mann gab. »Du musst Dir eine neue Brille kaufen«, stand da, und alle in diesem Sterbezimmer fingen an zu lachen. So ist das immer wieder bei Eveline Bhatt, vielleicht liegt das an ihrer Heiterkeit, an ihrer Leichtigkeit. »Das mit der Frau beim ersten Mal«, sagt sie, »war eine schöne Erfahrung.«

Sie sagt tatsächlich »eine schöne Erfahrung«. Und sie meint das auch so. Es habe doch eine große, große Würde, wenn Menschen selbstbestimmt sterben könnten, noch bei klarem Bewusstsein, im Beisein von Freunden und Angehörigen. Nicht weggetreten, sediert, an Schläuchen und Apparaten hängend. »Es ist so schön, dass sie an ihrem Leben teilnehmen können bis zu ihrem Tod.«

Eveline Bhatt nennt die Sterbewilligen, die zu ihr kommen, »meine Patienten«. Oft sitzt sie mit ihnen und den Angehörigen lange im Aufenthaltsraum der Sterbewohnung, oft versucht sie, kleine, fröhliche Bemerkungen zu machen, um die Situation nicht unerträglich werden zu lassen. Sie trägt nie Schwarz. Meist trinkt sie mit den Patienten Kaffee, manche erzählen aus ihrem Leben, lassen wichtige Stationen Revue passieren, manche wollen ein Glas Wein. Neulich hatte einer seine Lieblingsspeise gewollt, Tomatensuppe, auch die hat sie besorgt.

Dann denkt sie oft: Jetzt sollte der eigentlich aufstehen und sagen, er wolle nach Hause, er habe es sich anders überlegt. Das sei ja möglich, »wer A gesagt hat, muss bei uns nicht B sagen«, hier könne jeder in letzter Minute zurückziehen. Aber das hat sie noch nie erlebt. Nein, das Ende sei immer gleich, und es sei für sie immer gleich schlimm. Es ist der Moment, in dem der Satz fällt: »Ich möchte jetzt sterben.« Dann geht sie hinüber ins Sterbezimmer, löst die 15 Gramm Natrium-Pentobarbital in Wasser auf, es entsteht eine zunächst milchige, dann klare Flüssigkeit, sie stellt das Glas vor ihren Patienten. »Es ist der Moment, vor dem ich sehr, sehr viel Respekt habe. Es ist definitiv.«

Manchmal weint sie. Eher selten, sagt sie, weil sie trotz aller Herzlichkeit immer versuche, wenigstens eine gewisse professionelle Distanz aufzubauen. Weil sie sonst von ihrer Arbeit verschlungen würde. Das ist nicht leicht, weil sie ja mit ihren Patienten eine Beziehung eingeht. Sie spricht mit ihnen am Telefon stundenlang, wochenlang, manchmal über Jahre hinweg, immer und immer wieder. Für viele wird sie auf diese Weise zu der letzten Bezugsperson ihres Lebens. Oft vertrauen sie ihr Dinge an, von denen niemand anderer etwas weiß, erzählen Geschichten, die sie noch nie erzählt haben. Vor allem, wenn sie keine Angehörigen mehr haben, wenn sie ganz allein nach Zürich kommen, gerade bei älteren Frauen ist das oft so. Eveline Bhatt holt sie am Flugplatz ab, bringt sie ins Hotel, verbringt manchmal den letzten Abend, das letzte Abendessen mit ihnen. Für dieses zusätzliche Engagement wird sie nicht bezahlt, sie macht das in ihrer Freizeit, es ist ihr selbstverständlich. Wer eine solche Nähe gewonnen hat, wie sollte der in der Todesstunde Distanz und Contenance bewahren können? Sie versucht es trotzdem, sie weiß, dass sie es versuchen muss.

Aber manchmal hilft alles nichts, da ist sie mit Leib und Seele dabei. Zum Beispiel bei diesem jungen Spanier, 35 Jahre. Zwei Jahre lang hat sie mit ihm telefoniert, unzählige Stunden. Es ist eine Art Freundschaft entstanden zwischen dem Sterbenskranken und der Sterbehelferin. Auf dem To-

141

tenbett hat er ihr ein Buch mit einer Widmung geschenkt:
»Danke, dass ich ein bisschen verliebt sterben durfte.« Da
hat Eveline Bhatt geweint, hat sich zu ihm aufs Bett gelegt
und ihn in ihren Armen gehalten, bis er gestorben war. Ein
Häufchen Elend sei sie da gewesen, sagt sie, sie habe die
Welt nicht mehr verstanden, die Ungerechtigkeit der Welt.
Eveline Bhatt ist ein sehr gläubiger Mensch.

Schwer vorstellbar für sie, solche Begleitungen vier bis
sechs Mal im Monat zu machen wie ihre Kollegin Petra Keller. Aber auch die Arbeit am Telefon bringt sie immer wieder an ihre Grenzen, manchmal hält sie sie nicht aus. »Es
gibt Tage, da mache ich keinen Bürodienst.«

Eveline Bhatt unterscheidet drei Gruppen von Anrufern.
Die erste Gruppe ist die Gruppe der Uninformierten, die
irgendwo etwas über »Dignitas« gelesen haben. »Ich stehe
hier in Zürich am Hauptbahnhof«, sagt da zum Beispiel
einer, »wo kann ich denn jetzt sterben?« Ein anderer Anrufer möchte das tödliche Medikament zugeschickt bekommen, möglichst heute noch, »ich zahle gut«. Eveline Bhatt
erklärt dann, dass das bei »Dignitas« nicht so funktioniere,
dass man zuerst Vereinsmitglied werden müsse, anschließend ärztliche Dokumente und Befunde einschicken sowie einen persönlichen Brief, in dem Lebensumstände und
der Wunsch zu sterben ausführlich dargelegt werden müssten. Es beginne dann die Phase der telefonischen Bespre-
chungen, in der geklärt werde, ob wirklich schon alle Mittel
ausgeschöpft seien, ob es nicht doch noch eine Therapie-
möglichkeit gebe. Erst dann könne von einem »Dignitas«-
Arzt entschieden werden, ob er dem Wunsch zustimme
und das »provisorische grüne Licht« erteile. Auch von diesem Moment an vergehe in der Regel noch einige Zeit, bis

dann ein Termin zur Sterbebegleitung angesetzt werde. Manchmal vergingen zwischen dem ersten Kontakt und dem Sterben Jahre, manchmal nur ein paar Wochen. Eine Studie der Magdeburger Universität hat errechnet, dass die durchschnittliche Zeitspanne bei fünf Monaten liegt. »Die Anrufer«, sagt Eveline Bhatt, »wollen das oft nicht begreifen. Manche werden dann richtig ausfällig.«

Die zweite Gruppe besteht aus Personen in Lebenskrisen, in Schockzuständen, die gerade die Diagnose einer schweren Krankheit bekommen haben. Menschen also, für die »Dignitas« nicht zur Verfügung steht, weil hier die Endgültigkeit noch nicht erreicht ist, die die Organisation als Voraussetzung für ihre Dienste fordert. In den Statuten heißt es: »Damit die Dienstleistung des begleiteten Freitods in Anspruch genommen werden kann, muss jemand urteilsfähig und Mitglied von ›Dignitas‹ sein.« Und dann: Weitere Voraussetzungen sind »eine zum Tode führende Krankheit; oder/und eine unzumutbare Behinderung; oder/und nicht beherrschbare Schmerzen«.

Eveline Bhatt und die anderen Bürokräfte führen lange Gespräche mit den Anrufern. »Wollen Sie nicht lieber leben, wenn Sie etwas ändern könnten«, lautet die Standardfrage. Und dann gilt es, am Telefon herauszufinden, welche Veränderungen möglich seien, die im Augenblick noch gänzlich verschlossen schienen. Ein 44-Jähriger habe zum Beispiel vor einiger Zeit angerufen, erzählt Eveline Bhatt, er habe auch alle erforderlichen Unterlagen eingeschickt: Hirntumor. Aber der mit »Dignitas« zusammenarbeitende Arzt habe ihm das »grüne Licht« verweigert. Es seien noch keineswegs alle Optionen ausgeschöpft, zuallererst sei jetzt eine Operation indiziert. Die Antwort war ein zorniger

Brief des Mitglieds: »Dignitas« zwinge ihn gegen seinen Willen zur Operation. Ein paar Monate später ein weiterer Brief: Die Operation sei günstig verlaufen, er sei wieder völlig gesund geworden und danke dem guten Rat von damals. »Ich will noch ein paar Jahrzehnte auf dieser Seite des Grabes leben.«

Die dritte Gruppe der Anrufer ist die einfachste und zugleich die ernsteste. Es sind Menschen, die die »Dignitas«-Voraussetzungen erfüllen. Aber auch in solchen Fällen müssen noch Gespräche geführt werden. Etwa darüber, ob eine palliativmedizinische Begleitung nicht der bessere, humanere Weg wäre als der Freitod. Oder auch darüber, wie die Angehörigen und Freunde in den Prozess des Abschieds eingebunden werden können – wie im Fall von Ulrich Tanner.

Eine spezielle Ausbildung für solche Gespräche habe sie übrigens nicht, sagt Eveline Bhatt. Man bekomme aber sehr schnell heraus, ob man für diese Arbeit geeignet sei oder nicht. Auch der Kontakt mit den Kollegen und Kolleginnen, die ja meist vor ähnlichen Problemen stünden, helfe weiter. Für sie sei diese Tätigkeit jedenfalls ein großes Glück. Auch in ihrem Freundkreis werde das so gesehen, sie werde sehr bewundert für ihre schwere Arbeit.

Petra Keller hat in diesem Punkt ganz andere Erfahrungen gemacht. Immer wieder werde sie in jüngster Zeit gefragt, wie sie denn bei einer Organisation wie »Dignitas« arbeiten könne. Man höre doch das Übelste vom Üblen, ein undurchsichtiger Verein, der den Menschen das Geld aus der Tasche ziehe und Profit mit dem Sterben mache. Und Ludwig Minelli, der Vorsitzende, sei ja eine besonders zwielichtige Person. So, sagt Petra Keller, reden die Leute bei uns.

144

So reden die Leute nicht nur in der Schweiz, so reden sie auch in Deutschland. Und sie tun das mit zunehmender Lautstärke. »Zynisch und menschenverachtend« sei das Treiben von »Dignitas«, vom »Reisebüro für Lebensmüde« schreiben große Zeitungen oder gar von der »Sterbefabrik«. Immer wieder gehen im »Dignitas«-Büro Briefe ein, in denen die Mitarbeiter als »Mörder« bezeichnet werden, denen man wünsche, sie sollten »in der Hölle schmoren«. Schon die Erwähnung des Namens »Dignitas« genügt mittlerweile, um selbst bei zurückhaltenden, nüchternen Menschen heftige Reaktionen des Abscheus auszulösen, reflexartige Empörungen.

Begonnen hat das alles im Jahr 2005, als »Dignitas« die Zweigstelle in Deutschland eröffnete. Bis dahin war es eher ruhig um die Schweizer Organisation gewesen. Natürlich war immer wieder einmal zu hören und zu lesen, dass Deutsche nach Zürich führen, um dort von der besonderen Rechtssituation Gebrauch zu machen, aber die Zahlen waren zu gering, um für größeres Aufsehen zu sorgen. Auch die Kritik am »Sterbetourismus« in der Schweiz selbst hielt sich im Rahmen, wenn sie auch im Lauf der Jahre stetig zunahm. Erst als »Dignitas« die deutsche Grenze überschritt, änderte sich das. Und bekam weiteren Auftrieb, als die Organisation 2007 ihre Wohnung in der Zürcher Gertrudstraße verlassen musste, in der sie jahrelang Menschen zum Sterben empfangen hatte. Anwohner wollten es nicht länger hinnehmen, dass immer wieder, manchmal täglich, der Leichenwagen in der Straße auftauchte. »Dignitas« selbst spricht von Protesten, die von Sterbehilfe-Gegnern gesteuert waren.

Wie auch immer, die Sterbehilfeorganisation stand auf

der Straße, und nun begann die langwierige Suche nach einer neuen Bleibe. Als sie endlich gefunden war, gab es erneute Proteste, wieder musste »Dignitas« ausziehen. Man wich auf Hotelzimmer aus, was absehbar zu weiteren Schwierigkeiten führte, dann stellte der »Dignitas«-Vorsitzende Ludwig Minelli sein eigenes Wohnzimmer zur Verfügung, und schließlich kam es zu jenen beiden Selbsttötungen, die für ganz besonderes Aufsehen sorgten: Zwei Deutsche starben Ende 2007 in ihren Autos auf einem Parkplatz. Der befand sich allerdings nicht – wie auch von deutschen Politikern kolportiert wurde – an der Autobahn, sondern auf einer abgelegenen Waldlichtung. Gleichwohl schwoll die Welle des Unmuts nun gewaltiger an denn je. Sterben im Auto – der Gipfel der Würdelosigkeit. Und die Welle erreichte wenige Wochen danach ungeahnte Höhen, als bekannt wurde, dass »Dignitas« nun auch mit Helium Sterbebegleitungen vornehme. Besessene seien da am Werk, hieß es, die vor nichts zurückschreckten, um ihren Tötungsobsessionen nachzugehen.

»Dignitas« ist an dieser öffentlichen Meinung nicht unschuldig. In ihrer Außendarstellung agiert die Organisation oft sehr kalt, unzugänglich und rechthaberisch. Das liegt insbesondere an der Person des Vorsitzenden Ludwig Minelli, eines 75-Jährigen, der sich trotz seines Alters offenbar immer dann am wohlsten fühlt, wenn es ans Streiten und Kämpfen geht. Seine Durchsetzungsfähigkeit und Unermüdlichkeit bewies er in jüngeren Jahren als Journalist bei mehreren Schweizer Blättern und zehn Jahre lang als Korrespondent des »Spiegel«, bis er plötzlich anfing, Jura zu studieren, und mit 54 Jahren ein glänzendes Examen ablegte. Er begann eine aufsehenerregende Karriere als Anwalt, verlegte sich bald besonders auf Fragen der Menschenrechte, vertrat dann für einige Zeit juristisch den Sterbehilfeverein »Exit«, ehe er 1998 im Streit schied und »Dignitas« gründete. Minelli erregt in der Öffentlichkeit immer wieder Anstoß durch seine Kompromisslosigkeit und seine Lust an der Polemik. Er attackiert Personen oft mit großer Vehemenz, scheut dabei vor Nazi-Vergleichen nicht zurück und nimmt auch sonst kein Blatt vor den Mund. So nannte er einmal Schweizer Parlamentarier »altbackene Penisträger, die am liebsten Frauen unter die Röcke greifen und vom Führen eines Jauchewagens« mehr verstünden als von Politik. Kein Wunder, dass so einer nicht nur Freunde hat.

»Das ist ein Supersatz«, sagt er und meint den mit dem Jauchewagen; er kann noch heute laut darüber lachen. Er sitzt in seinem Wohnzimmer, ein paar Minuten entfernt vom »Dignitas«-Büro. Es ist das Wohnzimmer, das er neulich zweimal zum Sterbezimmer umfunktioniert hatte. Das sei ihm übrigens keineswegs unangenehm gewesen, sagt Minelli. Von ihm aus hätte es auch sein Schlafzimmer sein können, es würde ihn nicht stören. »In dem Moment sehe ich es nur als wichtig an, dass jemand, der dermaßen leidet am Leben, sterben kann.« Der Tod mache ihm nun einmal keine Angst.

Ludwig Minelli serviert Tee, Kamelienblüten-Tee. Die ausgefallensten Sorten hat er gesammelt, und seine Leidenschaft dafür wird höchstens noch übertroffen von seiner Leidenschaft für Teegeschirr, das er in diesem Zimmer aufbewahrt. Ohnehin ist das Wohnzimmer auf allen Seiten, an allen Wänden, vom Boden bis zur Decke voll gestellt wie ein Museum. Dicke Folianten stehen da, als sei hier

Fausts Studierstube, Nachschlagewerke aller Art, eine riesige Weltkugel ruht in einem hölzernen Gestell, ein offener Kamin, ein Klavier, ein schweres rot-grün kariertes Ecksofa vor einem ausladenden Glastisch, eine lebensgroße weibliche Gipsstatue in der Ecke und ein Fernsehgerät, das stumm geschaltet ist: Teletext, die neuesten Nachrichten. Und zwischen all diesem beengenden und bedrängenden Inventar sitzt keineswegs der finstere Ludwig Minelli, wie man ihn zuweilen aus dem Fernsehen kennt, sondern ein freundlicher, höflicher, ein wenig autoritärer Teetrinker, der geist- und ideenreich zu plaudern weiß, sich detailverliebt verliert in die Einzelheiten der Schweizer Geschichte, der Rechtsgeschichte zumal. Er wirft mit Jahreszahlen um sich, hört sich gerne reden, zitiert aus dem Kopf Gedichte, lacht oft und hat gar nichts von der Besessenheit, Herr über Leben und Tod sein zu wollen, wie ihm so oft vorgeworfen wird.

Die Vorwürfe sind zahlreich, und die Heiterkeit auf Minellis Gesicht verflüchtigt sich sofort, wenn die Sprache darauf kommt. Er habe es satt, sich immer die gleichen unbegründeten Anschuldigungen anzuhören, sagt er, mit vielen Medien spreche er deshalb schon lange nicht mehr. Kaum einer von den Journalisten komme hierher auf die Hügel über dem Zürichsee und recherchiere über die Arbeit von »Dignitas«. Auch die Politiker ließen sich nicht sehen, um sich zu informieren, keine deutschen, auch keine schweizerischen. Dagegen hätten die Briten kürzlich eine Delegation des Oberhauses geschickt, auch die Schweden waren schon da. Man möge verstehen, dass er keine Lust verspüre, sich wieder und wieder zu all diesen Vorwürfen zu äußern, die nichts mit der Wirklichkeit von »Dignitas« zu tun hätten.

Aber sie sind nun einmal in der Welt. Und sie sind ernst. Man kann sie nicht ignorieren.

Also gut, fragen Sie.

Erster Vorwurf: »Dignitas« betreibt Selbsttötungen am Fließband. Die Menschen haben keine Gelegenheit mehr, innezuhalten und noch einmal gründlich nachzudenken.

Minelli: »Da wird die ganze Vorbereitungszeit ausgeblendet.« Auch er verweist jetzt wie seine Mitarbeiterin Eveline Bhatt auf jene Magdeburger Studie, in der die 136 Begleitungen des Jahres 2005 untersucht wurden und die eine Vorlaufzeit von durchschnittlich fünf Monaten ausweist.

Zweiter Vorwurf: So sanft, wie »Dignitas« behauptet, ist der Tod durch Natrium-Pentobarbital durchaus nicht immer. Einmal soll der Todeskampf fast siebzig Stunden gedauert haben.

Minelli: »Das war ein Fall von vielen Hundert. Heute wissen wir, dies kann eine Folge einer Magenanomalie sein, deretwegen das Mittel nicht resorbiert werden kann. Wenn man den Menschen auf die rechte Seite lagert, geschieht das nicht.« Im Übrigen habe die Person von diesen Umständen nichts mitbekommen, da die einschläfernde Wirkung des Natrium-Pentobarbital ja durchaus eingetreten sei.

Dritter Vorwurf: Mit der neuen Helium-Methode umgeht »Dignitas« jetzt auch noch den Arzt, der bisher nötig war, um das Rezept auszustellen.

Minelli: »Wir haben uns das Helium keineswegs gewünscht. Wir werden dazu gezwungen, es in seltenen Fällen anzuwenden, weil der Zürcher Kantonalarzt die Ärzte, die Natrium-Pentobarbital nach nur einmaliger Begegnung mit sterbewilligen Patienten verschreiben, mit dem Entzug der Approbation bedroht. Und es gibt einfach Menschen, deren Zustand so schrecklich ist, dass sie nicht lange hingehalten werden dürfen. Soll ich zu denen sagen: Fahren Sie nach Hause und kommen Sie in einer Woche wieder?«

Vierter Vorwurf: »Dignitas« heißt Würde. Wie verträgt sich dieser Name damit, Menschen in einem Auto zum Sterben zu helfen, wie das vor einiger Zeit geschah?

Minelli: »Wir mussten wegen der Kündigungen zeitweise in Hotels ausweichen, und zwei Deutsche sagten, wir wollen nicht in einem anonymen Zimmer sterben, sondern lieber im vertrauten Fahrzeug. Sollte ich diesen Wunsch abschlagen? Sie fuhren auf einen umwaldeten Parkplatz, schöne Lage, friedlich.«

Fünfter Vorwurf: Die heftigste Anschuldigung heißt, »Dignitas« sei eigentlich ein kommerzielles Unternehmen, Sie würden entgegen der Verpflichtung in den eigenen Statuten an der Sterbehilfe Geld verdienen.

Minelli: »Die Spesenzahlungen an mich decken nicht einmal ganz meine Aufwendungen. Mein Steuerberater sagt, ich lebe von der Substanz meines Vermögens. Der Kern des Vorwurfs ist doch, ich würde mich bereichern, ich sei Millionär geworden durch »Dignitas«. Dabei sind meine Eltern gestorben, ich habe geerbt. Jeder kann zum Gemeindesteueramt gehen und dies nachsehen. Ich habe dem Amt erlaubt, alles öffentlich zu machen.«

Tatsache bleibt indessen, dass »Dignitas« seit 2004 keine Zahlen mehr veröffentlicht hat. Zwar versichert der Verein immer wieder, eine Buchprüfungsgesellschaft werde in Kürze eine Übersicht über alle zehn Jahre des Bestehens vorlegen. Bisher ist es dazu jedoch nicht gekommen. Ein unerklärliches Versäumnis, existieren die Vorwürfe gegen

»Dignitas« doch nicht erst seit heute. Gerade ein ausgewiesener Jurist wie Minelli müsste Sorge tragen, dass eine Organisation, die wegen ihrer Tätigkeit ohnehin eine Vielzahl von Gegnerschaften auf den Plan ruft, auf dem finanziellen Sektor keinerlei Angriffsflächen bietet.

Er habe andere Sorgen, sagt Minelli dazu. »Wichtiger ist, dass wir immer für unsere Mitglieder da sind.« Außerdem sei das Problem mit der Sterbewohnung noch immer ungelöst. Zwar habe man jetzt im Gewerbegebiet Schwerzenbach vorübergehend eine Bleibe gefunden. Aber auch hier habe es Komplikationen gegeben, man müsse sich wieder nach etwas Neuem umschauen. Am liebsten wäre ihm eine Villa mitten im Wald. Leider habe sich bisher noch niemand gemeldet, der ihm diese Villa schenken wolle.

»Dignitas«, der Verein, der die Geister scheidet: letzte Rettung für Verzweifelte und Schmerzgepeinigte – zwielichtige Geschäftemacherei mit dem Tod. Ein unlösbares Dilemma. Denn in der Betrachtung von »Dignitas« prallen zwei verschiedene, ja konträre Sichtweisen aufeinander, fast möchte man sagen: zwei verschiedene logische Systeme.

Die Logik Nr. eins sagt zum Beispiel: Sterben in einem Auto ist würdelos. Abgestellt auf einem Parkplatz. Ein zynischer Umgang mit dem Tod.

Die Logik Nr. zwei sagt: Mein Auto ist mir näher als ein fremdes Zimmer. Es ist ein persönlicher Raum von mir. Im Übrigen wird meine Würde ohnehin nicht von der äußeren Umgebung bestimmt. In einer solch extremen Situation spielt so etwas keine Rolle mehr.

Die Logik Nr. eins sagt zum Beispiel: Wenn Geld für das

Sterben gezahlt wird, ist es um die Würde des Sterbens geschehen.

Die Logik Nr. zwei sagt: Ich bezahle gerade deshalb, damit ich in Würde sterben kann, bei klarem Bewusstsein und ohne Schmerzen.

Die Logik Nr. eins ist die Logik der Gesunden, der Außenstehenden.

Die Logik Nr. zwei ist die Logik der Kranken, der Todgeweihten.

Jede Logik hat ihr Recht und ihre Begründung.

Deshalb kann es im Urteil über »Dignitas« eine einheitliche Betrachtung nicht geben. Es bleibt ein unauflösbarer Widerspruch, eine Aporie. Es ist das Recht der Gesunden, empört zu sein und »Dignitas« würdevolles Handeln abzusprechen. Aber wer das tut, muss sich im Klaren sein, dass er von seiner Vorstellung von Würde spricht, von seiner eigenen. Und dass er mit dieser Vorstellung die Würde eines anderen antasten kann.

Die letzte Reise

Tanner sperrt die Wohnungstür ab
und gelangt zu einer späten Einsicht

In der Nacht hat es gefroren. Jetzt steht das Thermometer
bei vier Grad. Es ist 11 Uhr, Sonntag, der 17. Februar 2008.
Ein schöner, kalter Wintertag, am Himmel ist keine Wolke.

Ulrich Tanner sitzt schon im Auto, einem hellgrauen
Audi, es ist Geralds Wagen. Man spürt Tanners Unruhe,
nicht dass er drängen würde, aber er will los jetzt, die Reise
soll beginnen.

Tanner hat seinen orangefarbenen Pullover angezogen.
Orange war lange Zeit eine schwierige Farbe für ihn gewesen, zu grell, zu aufdringlich, zu laut. Erst in letzter Zeit hat
er plötzlich eine Sympathie dafür entdeckt, fand Wärme
darin, Sonne, Heiterkeit. Warum er heute die Farbe Orange
ausgesucht hat, sagt er nicht. Aber der heilige Sebastian in
seinem Wohnzimmer hat ja auch diese wilden Orangetöne.
Die Wohnzimmertür hat Tanner heute das letzte Mal zuge-
macht, die Wohnungstür zum letzten Mal abgeschlossen,
die Haustür auch.

Es ist 11.10 Uhr, als Ulrich Tanners letzte Reise beginnt,
die Reise nach Zürich. Er hat auf dem Beifahrersitz Platz
genommen, Gerald sitzt am Steuer, auf der Rückbank sind
Max und der Besucher. Gerald nimmt die linksrheinische
Autobahn. Er ist ein gelassener Autofahrer, bleibt meist auf
der rechten Spur. Er fährt nicht schneller als 120 Stundenkilometer, der Verkehr ist mäßig.

Tanner erzählt vom Abend davor, dem letzten Abend mit

seinen Freunden. Es habe ein dreigängiges Menü gegeben: Fetakäse im Blätterteig mit Pinienkernen, dann Rinderfiletstreifen in Sahnesoße und zum Schluss heiße Himbeeren mit Eis. Köstlich, wirklich. Dennoch sei der Abend merkwürdig gewesen, nein, kein guter Abend, wie auch? Alle hätten geweint, und er habe eigentlich die ganze Zeit neben sich gestanden, wie ein Beobachter seiner selbst, wie eine zweite Person. So sei es oft gewesen in den vergangenen Wochen, er habe ja schon davon erzählt, aber diesmal sei dieses Gefühl so intensiv gewesen wie noch nie. Das müsse wohl so sein, diese Abspaltung. Anders sei eine solche Situation ja gar nicht auszuhalten. Tanner hat den stillen Beobachter gespielt an diesem Abend, obwohl er eigentlich im Mittelpunkt stand. Er ist auch nicht allzu lange geblieben. Und die Nacht hat er gut geschlafen. Erstaunlich gut.

Er sitzt auf dem grauen Veloursitz und erzählt das in einem beiläufigen Ton, als sei diese Fahrt ein Sonntagsausflug von vier Freunden zur nächsten Kneipe.

Ob denn noch Fotos gemacht wurden an diesem letzten gemeinsamen Abend? Um Gottes willen, natürlich nicht. Tanner hasst Fotos. Eine Schädigung aus der Kindheit, sagt er. Sein Vater war ein begeisterter Fotograf, stets musste die Familie stramm stehen vor der Kamera. Seitdem hat Tanner diese Abneigung, diesen Widerwillen, eine regelrechte Fotophobie. »Ja«, sagt Gerald am Steuer, »da war er schon immer schrecklich eigen.« Außerdem findet Tanner, dass Fotos wenig aussagen, »da sieht man nur die Oberfläche. Schauen Sie die Bilder an, die ich im Wohnzimmer aufgehängt habe. Da erfährt man etwas von mir, die sagen viel mehr.«

154

Gerald erzählt, wie das heute Morgen war. Wo fahrt ihr hin?, haben die Nachbarn gefragt. In die Schweiz, der Ulrich kommt auch mit. Da gibt es eine Spezialklinik für ihn. Und bringt ihr ihn auch wieder zurück?

Wir hoffen es, hat Gerald gesagt.

Die Fahrt geht durch die Vulkaneifel, die Gespräche tröpfeln, brechen ab, fangen wieder an, manchmal ist es ganz still im Auto. Alle hängen dann ihren Gedanken nach. Er sei ohnehin nicht besonders gesprächig bei Autofahrten, hatte Tanner gleich zu Beginn der Reise gesagt. Und heute erst recht nicht. Im Autoradio läuft leise SWR3.

»Geht es noch mit dem Sitzen«, fragt Gerald seinen Freund, »soll ich anhalten, willst du dir die Beine vertreten?« Tanner will es nicht, er will vorankommen. »Aber wir haben Zeit«, sagt Gerald.

Tanner scheint keine zu haben. Er fährt zu dem Ort, an dem er sterben wird, und es kann ihm offenbar gar nicht schnell genug gehen. Kein Zaudern, kein Hinauszögern des Endgültigen. Will er alles so schnell wie möglich hinter sich bringen? Hat dieses Sterben inzwischen etwas Magnetisches bekommen, eine Anziehungskraft, der sich einer nicht mehr entziehen kann, der monatelang, wenn nicht gar eineinhalb Jahre darauf hin gelebt hat? Keiner kann es sich vorstellen, der sich nicht in dieser Lage befindet. Tanner hat freimütig Auskunft gegeben über seine Gefühle, seine Ängste, seine Hoffnungen, all die letzten Monate, er hat sich nicht versteckt, hat sein Herz geöffnet. Aber seine allertiefsten Gründe hat er nicht offenbart, warum es ihn so mächtig, so eilig in den Tod treibt. Vielleicht kennt er sie selbst gar nicht genau.

Die Autobahn führt jetzt über die Hügel des Hunsrücks.

Die beiden Freunde auf den Vordersitzen haben wieder angefangen, leise miteinander zu sprechen. Es geht um Belangloses, keiner will von ernsten Dingen reden. Hinten an der Stoßstange des Audi muss demnächst etwas repariert werden. »Vergiss es nicht«, sagt Tanner. Auf der Terrasse von Tanners Wohnung sind ein paar Kacheln abgesprungen. »Das muss gemacht werden, möglichst bald.«

Im Radio singt James Brown. Tanner sagt: »Das ist ja James Brown.« Gerald sagt: »Hätte ich nicht gedacht, dass du den kennst.«

Es ist Viertel vor eins, Mittagspause. Die Autobahnraststätte, in der die Freunde schon immer ihren ersten Stopp eingelegt haben, wenn sie Richtung Süden gefahren sind. In die Schweiz oder nach Italien. Gerade bei den Fahrten zu ihrem Zeltplatz südlich von Neapel hatten sie immer feste Haltepunkte, immer dieselben. Erste Übernachtung in Breisach bei Freiburg, zweite bei Mailand, dritte in Florenz. Die dritte Übernachtung war immer die schönste. Weil Florenz Tanners Lieblingsstadt ist. Eigentlich wollte er seit Jahren schon für einige Monate dort leben, einen Sprachkurs machen, sein Italienisch aufpolieren. Es ist nicht mehr dazu gekommen.

Tanner isst nichts, er hat keinen Appetit. Die anderen bestellen Gulaschsuppe in der Raststätte. Aber auch sie haben nicht viel Vergnügen beim Essen. »Schade«, sagt Tanner, »ihr solltet die Reise doch in guter Erinnerung behalten.«

Er setzt sich jetzt selbst ans Steuer, will noch einmal Auto fahren. Man müsse keine Sorge haben, die Morphium-Dosis sei heute gering. Er habe absichtlich ganz wenig genommen.

Die Fahrt geht durch die Weinberge der Pfalz. Es ist Viertel vor zwei Uhr, Autobahnausfahrt Alzey, der erste Stau. Unerträglich für Tanner festzustecken, er nimmt die Ausfahrt, versucht, über Nebenstrecken weiterzukommen. Stehen bleiben geht für ihn jetzt nicht, er muss voran. Aber es geht zäh vorwärts, auch auf den kleinen Straßen staut sich der Verkehr immer wieder. Tanner wird ungeduldig, trommelt nervös aufs Lenkrad. Dann ist der Stau endlich umfahren, die Autobahn wieder erreicht. Tanner drückt aufs Gas, 150 Stundenkilometer.

Neben der Straße sind die Spargelfelder schon mit Plastikfolie bespannt. Auf den Sträuchern sind die ersten Blüten zu sehen, die Bäume haben dicke Knospen. Die Natur ist früh dran in diesem Jahr, der Winter war ungewöhnlich mild. Das Radio meldet einen Sprengstoffanschlag in Afghanistan.

Gerald und Max sind auf ihren Sitzen eingeschlafen. Tanner ist unbeirrbar wach, fährt weiter, will keine Pause. Es sei nicht gerade einfach für ihn, sagt er, diese Strecke zu fahren, ausgerechnet diese Strecke, ein bedrückendes Gefühl. Hundertmal sei er sie in seinem Leben schon gefahren, mehr als hundertmal. Und jetzt zum letzten Mal. Jeden Meter kenne er hier, wenn er die Ortsschilder lese, die Autobahnabfahrten, dann werde ihm sehr eigenartig zumute. Im Grunde sei das ja schon den ganzen Tag so, es habe begonnen, als er die Wohnung verließ, einen letzten Blick ins Wohnzimmer warf, alles an seinem Platz, alles wohlgeordnet, als würde er nur kurz in Urlaub fahren, nichts kündete vom endgültigen Abschied. Aber es sei eben doch ein letzter Blick gewesen, ein allerletzter. Tanner hört auf zu sprechen und sagt damit, dass es nichts mehr zu sagen gibt. Er konzentriert sich auf den Verkehr. Mannheim ist vorüber, es geht Richtung Karlsruhe.

Das Autoradio meldet einen Vogel Strauß, der sich auf die Autobahn verlaufen hat. Man bittet um vorsichtiges Fahren.

Die Nachmittagssonne hat schon erstaunlich viel Kraft. Sie steht stark am Himmel, es könnte einem warm werden an diesem Sonntag.

Tanners Kräfte scheinen nun doch zu schwinden, er fährt bei der Raststätte Baden-Baden auf den Parkplatz. Es ist fast unbegreiflich, dass er es so lange am Steuer geschafft hat. Es gibt Kaffee und Kuchen. Tanner isst wieder nichts.

Gerald wechselt auf den Fahrersitz. Tanner ist jetzt sichtlich angestrengt, er hat Schmerzen. Schlafen kann er nicht. Er ist bleich und ernst, aber er ist hellwach.

Je weiter die Reise in den Süden geht, umso öfter ist auf den Wiesen der Hauch eines frischen Grüns zu sehen, eine Vorahnung des Frühlings. Seltsame Winterreise: Die Natur zeigt an diesem Sonnentag allenthalben Aufbrüche, zeigt ihren Lebenswillen, alles ist auf Neubeginn gestellt. Und dieses Auto fährt durch all diese Anfänge dem Ende entgegen. Ein schreiender Widerspruch zu diesem Tag. Und weil das jeder sieht und spürt und begreift in diesem Auto, ist es jetzt ganz still geworden, schon lange. Es ist eine lastende Stille, Kloß im Hals, Schweigen, Schlucken.

Nur aus dem Autoradio kommt leise Musik. Und dann sagt der Sprecher wieder, er sagt es jetzt schon zum vierten Mal, dass sich ein frei laufender Vogel Strauß auf der Autobahn herumtreibe und es bisher nicht gelungen sei, ihn einzufangen. Plötzlich lacht einer auf im Auto und ebenso plötzlich fallen die anderen ein. Es ist ein Lachen in diesem

158

Wagen, als hätte jemand einen köstlichen Scherz gemacht. Es tut gut. Wie eine kleine Explosion.

Aber sie ist nicht von Dauer. Es ist kurz nach 17 Uhr, die Fahrt geht an Freiburg vorüber, wieder lastet dieses Schweigen über den vier Reisenden. Die Februarsonne steht mittlerweile tief im Westen und blendet. Gerald kneift am Steuer die Augen zusammen. Vielleicht nicht nur wegen der Sonne.

Der Feldberg im Schwarzwald lässt seinen weißen Schneekopf sehen, der Belchen seine große, runde Kuppe. »Weit, hoch, herrlich«, schwärmte ein anderer Reisender, als er 1779 hier vorbeikam, Johann Wolfgang von Goethe. Nichts beschriebe die Gefühle der Reisegruppe im grauen Audi schlechter als diese Dichterworte. Man fährt nicht hochgemut zum Sterben.

Kurz vor 18 Uhr ist die Schweizer Grenze erreicht, Basel.

Die Fahrt geht den Hochrhein entlang, Gerald hat jetzt auch das Autoradio abgestellt, nichts dringt mehr in die Stille. Es beginnt dunkel zu werden, der Verkehr nimmt zu, Zürich ist in der Nähe.

In der Stadt kennt sich Tanner aus, er gibt Anweisungen, rechts liegt der Bahnhof, jetzt gerade noch zweimal links um die Ecke, das Hotel ist erreicht. Der Besucher verabschiedet sich. Er wird morgen noch einmal wiederkommen, ein letztes Mal.

Montagnachmittag, Zürich, Hotelzimmer. Tanner sitzt auf dem Bett, er hat den blauen Pullover angezogen. Er will ihn auch morgen tragen beim Sterben. Blau, seine Farbe. Blau wie die Nüchternheit, mit der er in den Tod geht.

Er ist heute wie verwandelt. Alle Unruhe ist von ihm abgefallen, er wirkt ernst, aber gelöst. Er steht nicht mehr neben sich selbst, die beiden Personen, von denen er immer sprach in den vergangenen Wochen und noch gestern auf der Reise, haben sich zu einer zusammengefügt. Es sei sogar so etwas wie Heiterkeit in ihm, sagt er, auch wenn man ihm das vermutlich nicht ansehe. Er habe überraschenderweise auch gut geschlafen, kurz vor Mitternacht sei er vor dem Fernseher eingenickt. Natürlich habe er nicht durchgeschlafen, sei immer wieder aufgewacht, aber immerhin, es gehe ihm besser als gedacht. Trotzdem sei das eine beklemmende Situation hier in Zürich, ein bisschen unwirklich. Schließlich sei es die Stadt, in der er aufgewachsen ist. Eine Rückkehr in die Heimat zum Sterben. »Es schließt sich ein Kreis«, sagt Tanner.

Zum Mittagessen ist er mit Gerald und Max in ein Restaurant auf der Höhe über Zürich gefahren. Er kennt es von früher. Ein letzter Blick auf die Stadt. Er hat Zürcher Geschnetzeltes gegessen und weißen Dôle getrunken. Seine letzte Mahlzeit. Heute Abend und morgen wird er nichts mehr essen.

Nach dem Essen sind Gerald und Max in die Stadt gegangen, in die Geschäftsstraßen. Tanner wollte alleine sein. Denn er hat sich an jenen Albtraum erinnert, in dem er den Weg zum Arzt nicht gefunden und sich in Zürich heillos verlaufen hatte. Die Verzweiflung dieses Traums möchte er nicht in der Wirklichkeit erleben. Deshalb hat sich Tanner ins Auto gesetzt und ist die Strecke zum Arzt, den er heute um 19 Uhr besuchen wird, schon einmal abgefahren, fünfzehn Minuten vom Hotel. Und danach auch gleich die Straße zum Gewerbegebiet Schwerzenbach, wo die Sterbewohnung liegt, weitere 15 Minuten. »Damit ich die Fahrzeiten abschätzen kann, ich wollte sicher gehen«, sagt er. Tanner bleibt Tanner, auch am Tag vor seinem Tod. Alles unter Kontrolle haben, kein Risiko eingehen, jeden Schritt perfekt organisieren. Wenn jetzt noch etwas schiefginge, »das wäre ein Weltuntergang«, sagt Tanner. »Ich will keinen Aufschub mehr, das halte ich nicht durch.«

Auch auf dem Hotelbett sitzt er, wie er immer sitzt. Sehr aufrecht, konzentriert. Es gibt keine Lässigkeit in Tanners Leben, hat es nie gegeben. Immer spukt der Geist des Vaters herum und schreit hinein in dieses Leben: Disziplin! Anstrengung! Korrektheit! Haltung! Ein Schweizer mit preußischen Tugenden. Immer klangen die Befehle des Vaters in Tanner nach, er hat sie nicht auszutreiben vermocht, sie verfolgten ihn all die Jahre. Hätte es ein glücklicheres Leben werden können, ohne diese angestrengten Exerzitien, die Tanner bis zuletzt glaubte, sich auferlegen zu müssen?

»Ich konnte nicht anders, ich musste so leben«, sagt er, »und ich bin trotzdem glücklich, dass ich so leben konnte. Ich habe von allem viel gehabt, viel Unglück, aber auch ganz viel Glück.« Nun sei er endlich am Ziel. Eineinhalb Jahre habe er darum gekämpft, eineinhalb Jahre voller Leiden und Elend. »Jetzt«, sagt Tanner, »bin ich ganz nahe dran an meiner Erlösung. Das beruhigt mich so sehr. Das ist schön. Wahrscheinlich kann das kein Mensch nachvollziehen. Man muss schon sehr weit unten gewesen sein, um das zu verstehen.« Er sehe ja noch einigermaßen gut aus, nicht wie ein Todkranker, er könne noch leidlich gehen, essen und trinken, ja sogar Auto fahren. Das mache für Außenstehende das Verständnis natürlich schwer. »Aber innen drin, glauben Sie mir, da sieht es anders aus.« Selbst Gerald begreife das nicht wirklich. Der hoffe so unbeirrt wie aussichtslos, dass er im letzten Moment noch zurückziehe. »Aber das werde ich nicht tun.«

Es beginnt schon leicht zu dämmern, im Hotelzimmer wird es langsam dunkel. Tanner macht kein Licht an, und diesmal fragt er auch nicht, ob das dem Besucher recht ist. Er hat Zeit jetzt, spricht langsam, macht große, sehr große Pausen, der Arzttermin ist erst in eineinhalb Stunden. Eigentlich müsste er diesen Arzt gar nicht mehr aufsuchen, denn für die Helium-Methode braucht er kein Rezept. Aber er will trotzdem mit ihm sprechen, noch einmal alles über diese Methode erfahren. Er ist sich immer sicherer geworden in den vergangenen Tagen, dass er es wagen wolle. Aber es sei trotzdem gut, sich vorher noch einmal alle ärztlichen Informationen geben zu lassen. Gerald und Max kämen auch mit.

Helium hin oder her, Tanner, haben Sie wirklich keine Angst davor zu sterben?

»Jetzt haben wir uns fast drei Monate lang alle paar Tage getroffen, haben telefoniert, haben uns E-Mails geschickt. Sie haben mich kennengelernt, gut kennengelernt, ich habe mich Ihnen offenbart wie kaum je einem Menschen – und jetzt fragen Sie mich das!«

Es sind noch ungefähr achtzehn Stunden bis zu Ihrem Tod, Tanner, in so einer Situation ändert sich vielleicht etwas an den Gefühlen.

»Der Tod macht mir keine Angst. Überhaupt keine Angst. Überhaupt keine Angst.«

Tanner schweigt wieder. Das Zimmer ist jetzt beinahe dunkel. Eine Straßenlampe wirft einen gelben Lichtstreifen an die Wand.

»Es ist schön, dass Sie immer da waren«, beginnt Tanner. Dann schweigt er wieder.

»Es ist schön, dass Sie so oft da waren«, beginnt Tanner von Neuem. Am Anfang habe er diese Treffen nur deshalb gemacht, weil er ein bisschen Öffentlichkeitsarbeit für Sterbehilfe machen wollte. Aber nach und nach hätten diese Besuche einen ganz anderen Charakter bekommen. Er habe Zutrauen gefasst, sich verstanden gefühlt, so gut das eben gehe in seiner Lage. Er habe begonnen, sich in den Stunden der Gespräche sein Leben noch einmal ganz neu, ganz genau anzusehen. Das sei ihm nicht leicht gefallen. Immer wieder sei er versucht gewesen, diese Treffen zu beenden, den Kontakt abzubrechen. Es habe ihn über die Maßen angestrengt, so viel zu sprechen. Um die Wahrheit zu sagen, er habe noch nie in seinem 51-jährigen Leben so viel am Stück geredet, er sei ja eigentlich ein introvertierter Mensch. Aber er habe sich weiter besuchen lassen, weil er auf diese Weise ganz neue Fragen an sich gestellt habe. Er wolle sich dafür bedanken, er sei gewiss nicht immer ein einfacher Gesprächspartner gewesen.

Und – haben Sie etwas herausgekriegt in diesen Gesprächen?

»Ja«, sagt Tanner, »etwas Fundamentales. Ich glaube, dass mit dem Tod meiner Mutter mein Sterbeprozess angefangen hat. Das war mir vorher nicht bewusst. Solange sie am Leben war, hatte ich immer das Gefühl, ich müsste die Schlechtigkeit gutmachen, die sie von meinem Vater erlitten hat.«

Also als Sohn der bessere Ehemann sein?

»Genau, ich war der Gute, der Mensch, der sie beschützt hat. Ich habe das immer so empfunden. Keiner kann sich vorstellen, was das für mein Leben bedeutet hat. Ich habe es ja selbst nie so richtig gewusst. Aber jetzt weiß ich es.«

Tanner macht jetzt eine ganz große Pause.

»Aber als sie tot war …«

Die nächste Pause ist noch länger, noch viel länger.

»Wozu soll ich leben, wenn sie nicht mehr da ist?«

Pause.

»Dann hat mein Leben eigentlich keinen Sinn mehr. Dann ist das Leben irgendwie vorbei.«

Tanner sitzt jetzt nicht mehr aufrecht auf seinem Bett. Er hat die Tanner-Haltung verlassen, ist in sich zusammengesunken, ist still, er schluckt ein paar Mal und sagt dann einen großen Satz: »Ihr Sterben ist verantwortlich für mein Sterben.«

Tanner schaut lange auf den gelben Lichtstreifen an der Wand. Der Besucher auch.

Es ist der Moment gekommen, an dem nichts mehr zu sagen ist.

Vielleicht das noch: »Sagen Sie meinen Freunden, wie schrecklich es ist, sie zurückzulassen. Aber sagen Sie ihnen auch, dass ich mir inzwischen ganz sicher bin, sie wiederzusehen. Ich gehe nur voraus, sagen Sie es ihnen.«

»Und sagen Sie Gerald, dass ich ihn liebe. Trotz allem, was war. Ich wünsche ihm Gutes, nur, nur Gutes.«

Tanner steht auf von seinem Hotelbett. Es ist Zeit, er muss jetzt zu seinem Arzttermin. Morgen am Nachmittag werde Gerald gewiss anrufen und erzählen, wie alles gewesen sei. Der Besucher habe ja deutlich gesagt, dass er beim Sterben nicht dabei sein wolle. Weil das Sterben nichts Öffentliches sein dürfe.

Tanner breitet seine Arme aus.

Adieu, Tanner.

Am Dienstag, dem 19. Februar, kurz nach 17 Uhr läutet das Telefon. Das muss Gerald sein.

»Guten Tag, hier ist Tanner.«

Sie sind am Leben?

»Ja«, sagt Tanner, »ich bin schon wieder in Köln. Ich habe die Tür von meiner Wohnung noch einmal aufgesperrt.«

Was ist geschehen?

Es war der Arztbesuch am Vorabend, der alles umgeworfen hat. Lange haben Tanner, Gerald und Max mit dem Arzt gesprochen. Die Helium-Methode, hat er gesagt, sei kein Problem, da müsse sich Tanner keine Gedanken machen. Aber sie könne ein Problem für Gerald und Max sein. Die Zuckungen, die manchmal beim Sterbenden vorkämen, sähen schlimm aus, heftig, geradezu gewalttätig. Manchmal würden sich auch die Augen öffnen, und die Augäpfel träten schrecklich heraus. Das sei für die Begleiter kaum zu ertragen, das seien Bilder, die sich einprägten, die sie zeit ihres Lebens verfolgen könnten. Er rate deshalb davon ab.

Tanner sah ihn entsetzt an.

Aber, sagte der Arzt, er könne ihm eine Alternative anbieten. Heute in sechs Tagen könne er ihm erneut einen Termin geben. Dann habe er ihn zweimal gesehen, das müsse den Anforderungen der Gesundheitsbehörde an die ärztliche Sorgfaltspflicht genügen. Auch wenn es noch keine klaren Ausführungsbestimmungen des Kantonalarztes gebe, das nehme er auf seine Kappe. Und er, Tanner, sei gesundheitlich doch noch in der Lage, diese sechs Tage zu überstehen.

Tanner sagte Ja.

Wenige Stunden zuvor hatte er noch gesagt: Ein Aufschub wäre ein Weltuntergang.

Tanner ist Tanner geblieben. Er hat nicht für sich entschieden, sondern für die anderen. Damit sie nicht die Bilder eines Todeskampfs sehen müssen.

Er hat sich dann eingegraben in Köln, eingegraben in seiner Wohnung, zurückgezogen. Und wenn jemand etwas von ihm wissen wollte, dann hat er gesagt: Es hat sich nichts geändert. Nichts. Nichts. Nichts. Ansonsten sprach er kaum ein Wort in diesen sechs Tagen.

Am Samstag, dem 23. Februar, fuhr er zum zweiten Mal nach Zürich. Er wohnte im selben Hotel wie in der Woche zuvor. Am Sonntag um 16 Uhr besuchte er erneut den Arzt. Der stellte das Rezept für Natrium-Pentobarbital aus. Am Abend gingen Tanner, Gerald und Max zum letzten Mal essen. Es gab auf Tanners Wunsch Käse-Fondue.

Am Montag, dem 25. Februar, war Tanner um kurz nach 11 Uhr in Schwerzenbach. Er hatte den blauen Pullover angezogen und die Jeans. Er ging in den blauen Industriebau, fuhr in den zweiten Stock, wo er von zwei »Dignitas«-Sterbehelfern, einem Ehepaar, erwartet wurde. Er ging in den Aufenthaltsraum, sprach noch ein wenig mit seinen Freunden. Dann nahm er ein Medikament, das den Magen beruhigt, Paspertin. Es verhindert das Erbrechen, wenn er dann das bittere Natrium-Pentobarbital genommen haben wird. Er musste danach noch eine gute halbe Stunde warten, bis das Paspertin seine Wirkung entfaltete. Er unterschrieb, dass er aus eigenem Entschluss und Willen aus dem Leben scheiden will.

Dann ging Tanner ins Sterbezimmer. Er setzte sich in den Sessel, das Bett wollte er nicht. Er bat darum, seinen blauen Pullover und die Jeans anbehalten zu dürfen. Er wolle in der Kleidung sterben, die ihm immer die liebste war. Das Blau bedeute ihm sehr viel. Dann nahm er das Glas, in dem das tödliche Medikament aufgelöst war. Er zögerte keinen Augenblick und trank es leer. Nach zwei Minuten sagte Tanner: »Es wirkt.«

Am Nachmittag des 25. Februar läutet das Telefon. Max ist dran: »Um 13.20 Uhr ist Ulrich Tanner friedlich eingeschlafen.«

Am 15. März 2008, einem Samstag, wurde Tanners Urne beigesetzt. Ein warmer Frühlingstag, dreißig Freunde waren auf den Friedhof bei Köln gekommen. Auf der Anhöhe, die Tanner als seinen Grabplatz ausgesucht hatte, stand unter Fichten die Skulptur aus weißem Sandstein. In den Sockel war eingraviert: Ulrich Tanner, 1956 – 2008. Rechts und links der Skulptur waren zwei kleine Eiben gepflanzt.

Nachbemerkungen

Dieses Buch hat einen Paten, der von seiner Patenschaft gar nichts weiß. Es ist ein Zeitungsartikel, der am 8. Dezember 2005 in der »Zeit« erschien. Er trug den Titel »Ich will nur fröhliche Musik« und erzählte die Geschichte eines Mannes, der einen so qualvollen Tod erwartete, dass er sich entschloss, bei »Dignitas« in der Schweiz zu sterben. Sein Bruder, der »Zeit«-Redakteur Bartholomäus Grill, begleitete ihn auf seiner letzten Reise und schrieb anschließend jenen Artikel, der 2006 mit dem Egon-Erwin-Kisch-Preis ausgezeichnet wurde. Es war ein Zeitungsartikel, der mich ungeheuer berührte und mir einen Anstoß gab: Könnte es mir gelingen, einen Menschen kennenzulernen, der denselben Entschluss wie Bartholomäus Grills Bruder gefasst hat und bereit wäre, sich mir anzuvertrauen? Wäre es möglich, diesen Menschen wochen- und monatelang zu begleiten, mit ihm zu sprechen, immer und immer wieder, um ihn verstehen zu lernen, das Unbegreifliche zu begreifen: Warum tut einer das? Was geht in den letzten Wochen seines Lebens in ihm vor? Wie lebt man dem Tod entgegen?

Ich versuchte, eine Person zu finden, die bereit war, mir Antworten zu geben. Ich nahm Kontakt zu »Dignitas« in der Schweiz auf und zur deutschen Filiale »Dignitate«, ich bat Bekannte um Mithilfe, immer wieder gab es erste Gespräche mit Menschen, die ihren Tod planten, und es schien, als könnte ich ans Ziel gelangen, aber immer wieder scheiterten meine Bemühungen. Ich fand dieses Scheitern nicht verwunderlich; denn ich verlangte eigentlich etwas Unmögliches. Ich suchte jemanden, der willens war, mir sein Innerstes mitzuteilen, das Persönlichste, und der keine Kontrolle mehr darüber haben würde, was ich aus diesen intimen Mitteilungen machen würde. Keine Überraschung, dass sich dafür niemand hergeben wollte. Ich versuchte es Monat um Monat. Schließlich war ich kurz davor, mir die Idee dieses Buches aus dem Kopf zu schlagen.

Im November 2007 fand ich Ulrich Tanner. Er antwortete auf eine Anfrage, die ich ins Internet-Forum von »Dignitas« gestellt hatte. Wir schrieben uns E-Mails, wir begannen miteinander zu telefonieren. Es sei ihm ein Anliegen, Öffentlichkeitsarbeit für seine Sache zu machen, sagte Tanner. Schließlich fuhr ich zu ihm. Wir hatten abgemacht, dass ich nur eine halbe Stunde bleiben würde, ein erstes kurzes, unverbindliches Kennenlernen, um herauszufinden, ob zwischen uns jenes Vertrauen herzustellen sei, das für ein solches Buch-Projekt notwendig ist. Er wusste wohl, was das bedeuten würde. Ich ahnte es auch. Schließlich blieb ich nicht eine halbe Stunde, sondern vier Stunden. Am Ende sagte Tanner: »Sie sind mir sympathisch, ich glaube, es könnte gehen.« Und ich antwortete: »Sie haben viel zu sagen, ich glaube, es könnte gehen.«

Es ist dann viel mehr als Öffentlichkeitsarbeit daraus geworden, es wurde eine Rechenschaft über ein Leben. Es wurde ein Versuch auszuloten, über welche Grenzen ein Mensch gehen kann, wenn ihn die Schmerzen an die Grenzen treiben. Ich habe nicht nachgezählt, wie viele Stunden wir miteinander gesprochen und wie viele Stunden wir miteinander geschwiegen haben. Manchmal waren es

Stunden mit Tränen, manchmal waren es Stunden mit Lachen, meistens mit beidem. Manchmal hatte Tanner viel zu erzählen, manchmal floss die Zeit zäh, und die Stunden waren mühsam wie auf der Couch eines Psychoanalytikers. Tanner hat mich weit und tief hineingelassen in seine Welt. Oft tat er das zögernd, mit großer Sorge, ob er etwa anderen damit schaden könnte. Mitunter brach das Reden so heftig aus ihm heraus, als wollte er alle Dämme sprengen, die er um sich gebaut hatte und die sein Leben stets abgesichert hatten. Ab und zu wurde er ganz still, weil er nicht alles erklären konnte, was das Leben mit ihm gemacht hatte und er mit dem Leben. Aber auch wenn er schwieg, verlor er nie den Wunsch, sich mitzuteilen.

Tanner und ich sind uns in diesem Rede-Marathon sehr nahe gekommen. Aber immer war diese Beziehung auch bedroht, weil es fast unablässig um existenzielle Dinge ging, um Leben und Tod, um Glück und Unglück. Wie viel kann man davon beim Sprechen aushalten? Und wie viel beim Hören? Wie viel hält Tanner aus? Und wie viel ich? Manchmal sah es nicht gut aus. Tanner wurde erdrückt von meinen Fragen – und oft noch mehr von seinen eigenen Antworten. Aber er hat durchgehalten, bis zu allerletzt. Dafür danke ich ihm. Und deshalb möchte ich ihm dieses Buch, das er nicht mehr lesen kann, widmen.

Ulrich Tanner heißt nicht Ulrich Tanner. Ich habe ihm diesen Namen im Buch gegeben, weil ich verhindern wollte, dass sein Gedächtnis von Personen gestört wird, denen er dieses Gedächtnis nicht anvertraut hat. Den Namen Tanner fand ich passend, weil er ein einfacher, schlichter Name ist und weil er an den dunklen Tann erinnert, in den sich unsere Gespräche und sein Leben mitunter verloren

170

haben. Auch seinen Freunden habe ich andere Namen gegeben, weil ich sie vor allzu öffentlichen Zugriffen schützen wollte. Seinen Freunden gehört mein ganz besonderer Dank. Sie haben mich, den Fremden, mit einer Herzlichkeit in ihre Welt eintreten lassen, die mich überraschte, weil sie gerade in ihrer speziellen Situation keineswegs selbstverständlich war. Sie haben mir mit einer seltenen Offenheit Auskunft gegeben über die Schmerzen, die ihnen Tanners letzte Tage bereitet haben. Wir haben diese Schmerzen über jene Tage und über Tanners Tod miteinander geteilt.

Neben den Namen habe ich noch einige, wenige Daten geändert und einen Ort: Köln war nicht der Wohnort Ulrich Tanners. Auch diese Änderung dient dem Persönlichkeitsschutz. Alles andere aber ist ganz und gar authentisch, alles hat sich genauso abgespielt, wie es das Buch beschreibt. Ich habe nichts hinzugefügt, allerdings manches weggelassen, was für die Geschichte von Tanners Leben und Sterben keine Rolle spielt. Bei Ulrich Tanners im ersten und zwölften Kapitel beschriebenen Tod war ich nicht zugegen. Meine Beschreibung basiert auf dem Bericht von Tanners Freund Gerald und einer Besichtigung der Sterbewohnung zu einem späteren Zeitpunkt.

Als Ulrich Tanner gestorben war, vermochte ich zunächst nicht über ihn zu schreiben. Es schien mir ungehörig. Wie konnte ich seinen Tod für mein Buch benutzen? Als ich mich dann imstande fühlte zu schreiben, hat es mir sehr geholfen, dass Tanner selbst dieses Buch wollte. Als ich im Frühjahr 2008 begann, die ersten Sätze zu formulieren, saß er gleichsam ständig an meinem Schreibtisch neben mir. Während ich die vielen hundert Seiten der Abschriften unserer Gespräche las, die ich am Platz unserer langen Unterhaltungen, an Tanners Wohnzimmertisch aufgenommen hatte, sie noch einmal las, immer und immer wieder las, hörte ich Tanner reden, hatte seine Stimme im Ohr. Sie hat mich bis heute nicht verlassen.

Berlin, Juni 2008

Zum Weiterlesen

Da der Tod neben seinem Schrecken auch eine geheimnisvolle Anziehungskraft besitzt, und sei es nur die des Schauders, sind die Bücher über das Sterben ohne Zahl. Sehr oft handelt es sich dabei um Tröstungs- und Erbauungsliteratur, häufig religiöser Art. Hier Empfehlungen auszusprechen ist kaum möglich, da der Ton solcher Bücher meist von sehr persönlichen Erfahrungen und weltanschaulichen Botschaften geprägt ist. Das gilt manchmal auch für Literatur, die sich des Themas Sterbehilfe annimmt. Nicht selten sind das enorm kämpferische Texte, die sich ihrer Sache immer ganz besonders gewiss sind.

Nützlich hingegen – auch beim Schreiben dieses Buchs – fand ich folgende Titel:

Philippe Ariès: Geschichte des Todes. 836 Seiten, München: Deutscher Taschenbuch Verlag 1982.

Seit bald drei Jahrzehnten ist dieses Buch ein unbestrittenes Standardwerk. Der französische Historiker schreibt über den Wandel des Umgangs mit dem Tod und dem Sterben im Lauf der abendländischen Geschichte, vom frühen Mittelalter bis heute. Ein äußerst detailreicher Band von mehr als 830 Seiten. Eine Fundgrube von Kuriositäten, Klugheiten, Absonderlichkeiten, Schockierendem, Rätselhaftem und Bedenkenswertem.

Roger Willemsen: Der Selbstmord. Briefe, Manifeste, literarische Texte. 438 Seiten, Frankfurt am Main: Fischer Taschenbuch Verlag 2007.

Auch das ist eine Fundgrube: eine Sammlung von Texten zum Thema Suizid. Literarisches, Wissenschaftliches, Philosophisches, Naheliegendes, Fernliegendes. Von Seneca bis Bertolt Brecht, von David Hume bis Dostojewski. Dazu zahlreiche Abschiedsbriefe von Selbstmördern, ein Genre, das noch kaum erforscht ist. Ergänzt wird das Buch, das erstmals 1986 erschien und nun aktualisiert wurde, durch ein ausführliches, gescheites Nachwort des Herausgebers.

Svenja Flaßpöhler: Mein Wille geschehe. Sterben in den Zeiten der Freitodhilfe. 158 Seiten, Berlin: wjs verlag 2007.

Ein Buch zur Freitodhilfe aus philosophischer, kulturhistorischer und ethischer Perspektive, das vorschnelle Festlegungen vermeidet, lieber nachdenkt als verurteilt und hauptsächlich kenntnisreich Fragen stellt. Gerade deshalb ist dieser Text besonders sympathisch. Am Ende beschreibt die Autorin sehr berührend zwei Freitodbegleitungen der Schweizer Organisation »Exit«, bei denen sie Zeugin war.

Selbstbestimmtes Sterben. Sonderheft 11 der Zeitschrift Aufklärung und Kritik. Herausgegeben von der Gesellschaft für kritische Philosophie. 260 Seiten, Nürnberg: 2006.

Eine Sammlung von Aufsätzen zur Sterbehilfe aus philosophischer, juristischer und ethischer Sicht. In den Texten kommen ganz unterschiedliche Perspektiven zu Wort. Gerade das Aufeinanderprallen völlig konträrer Meinungen macht das Buch interessant. Wer es gelesen hat, ist über die verschiedenen Positionen in der Sterbehilfe-Debatte bestens informiert.

Norbert Hoerster: Sterbehilfe im säkularen Staat. 193 Seiten, Frankfurt am Main: Suhrkamp 1998.

Der Professor für Rechts- und Sozialphilosophie plädiert für eine Liberalisierung bei der Sterbehilfe. Seine Argumentation unterscheidet sich wohltuend von manch dogmatischen Schriften, da er den leidenden Menschen ins Zentrum seiner Überlegungen stellt.

Katrin Rohnstock (Hg.): Es wird gestorben, wo immer auch gelebt wird. 16 Protokolle über den Abschied vom Leben. 221 Seiten, Schwarzkopf & Schwarzkopf: Berlin 2007.

16 Autoren haben mit 16 über achtzigjährigen Menschen gesprochen, die den Tod vor Augen haben. 16 kurze Geschichten sind aus diesen Gesprächen entstanden, die anrührend von Lebensbilanzen erzählen, von Ängsten und Wünschen am Ende der Tage.

Reimer Gronemeyer: Sterben in Deutschland. Wie wir dem Tod wieder einen Platz in unserem Leben einräumen können. 295 Seiten, Frankfurt am Main: S. Fischer 2007.

Der Autor, Professor für Soziologie und lutherischer Pfarrer, ist Experte für Hospizarbeit und Palliative Care. Er wirft komplexe Fragen über das Sterbenlassen und Lebenlassen auf: Darf man das Leben künstlich verlängern? Darf man das Sterben beschleunigen? Wie kann man den Tod wieder zu einem Stück Leben machen? Gronemeyers Antworten sind geprägt von seiner weltanschaulichen Herkunft. Ein Buch, das eine klare Position gegen Sterbehilfe bezieht, dabei jedoch nie ins Eifern gerät, sondern differenziert argumentiert.

Thomas Klie, Johann Christoph Student: Sterben in Würde. Auswege aus dem Dilemma Sterbehilfe. 216 Seiten, Herder: Freiburg 2007.

Auch dieses Buch ist ein großes Plädoyer für Palliative Care und gegen Sterbehilfe, getragen von christlich-humanem Denken. Sehr eindrucksvoll sind die Passagen, in denen Menschen aus eigenen Erfahrungen mit Sterbenden erzählen.

Zum Schluss etwas anderes:

André Gorz: Brief an D. Geschichte einer Liebe. 98 Seiten, Zürich: Rotpunktverlag 2007.

Der französische Journalist und Theoretiker hat eine Liebeserklärung an seine schwerkranke Frau geschrieben: »Bald wirst Du jetzt zweiundachtzig sein. Du bist um sechs Zentimeter kleiner geworden. Du wiegst nur noch fünfundvierzig Kilo, und immer noch bist Du schön, graziös und begehrenswert. Seit achtundfünfzig Jahren leben wir nun zusammen, und ich liebe Dich mehr denn je.« 2007, im Jahr nach dem Erscheinen der französischen Ausgabe des Buchs, nahm sich Gorz zusammen mit seiner Frau Dorine das Leben.

Und ganz zum Schluss etwas ganz anderes:

Robert Gernhardt: Später Spagat. Gedichte. 128 Seiten, Frankfurt am Main: S. Fischer 2006.

Im Jahr 2006 ist der große Schriftsteller, Zeichner und Humorist Robert Gernhardt gestorben. Der schmale Band versammelt seine letzten Gedichte – über Krankheit, Sterben, Tod. Lauter Meisterwerke, ein Spagat zwischen Weinen und Lachen.